JN027584
落語でわかる「民法」入門
森 章太
MORI Shota
日本実業出版社

# はしがき

本書を手に取っていただき、ありがとうございます。本書を手に取られた動機は様々だと思います。

例えば、今まで民法にも落語にも多少の興味しかなかったものの同時に学べるのであれば一石二鳥だと思われた方、民法の学習に挫折した苦い経験があるけれど落語で楽しく学べるのであれば再挑戦しようと思われた方、落語が好きで落語を通じて新しいことを学べるのであれば読んでみようと思われた方などがいるのではないでしょうか。

私が本書を出版したいと考えたのは、自分自身の経験に基づいています。私が本格的に法律を学ぶようになったのは、社会人経験を経た20代後半になってからでした。

法律を学び始めたときに困惑したのは、ＸやＹなどといった個性のない抽象化された人物が登場する事例や設例（「ＸがＹに甲を売却し、ＹがさらにＺに売却した」など）でした。血が通っていない人物が登場する事例や設例を読んでも、身近に感じられず、法律の教科書に描かれている世界と（学生時代よりは深く理解できるようになったはずである）現実社会とのつながりが感じられませんでした。事例や設例が興味を持てる内容であれば、もっと楽しく法律を学べるのではないかと思いました。

そこで、本書では事例を落語の噺（はなし）としました。落語の噺は下げ（落ち）があって面白いだけでなく、身近な日常生活を題材にしたものが多いので、日常生活に密接な法律である民法を学ぶには打ってつけです。登場人物は個性的であり、必要最低人数に絞られているので、当事者以外の第三者が数多く登場するような複雑さはありません。

時代設定が江戸時代や明治時代となっている噺に現在の民法を適用するというのは若干無謀ではありますが、落語を通じて、風情・季節感、長屋の共同生活、歌舞伎、百人一首などに興味を持つことができるように、民法にも興味を持つことができるのではないかと考えます。

本書を読んでいただければ、日常生活や人生におけるルールの多くが民法によって規定されていることがわかると思います。さらに民法を学んでみたいと思われた方には、実際の判例を読むことをお勧めします。本書で紹介した判例で「裁判所Ｗｅｂ」と記載してあるものは、どなたでも裁判所ホームページの裁判例検索システムで全文を読むことができます。

それでは、落語×民法の世界に足を踏み入れてみましょう！

令和２年11月　森　章太

《**本書の特徴**》

・最新の民法（令和２年４月施行後の改正民法）について、落語の噺を事例にして解説します。
・本書は、民法の初学者を読者として想定しています。
・全21話で、民法の全体を解説します。詳しくは12～14頁の対応表を参照してください。
・各話は独立しているので、興味のある話から読み始めることができます。
・他の話に関連事項の記載がある場合には、その旨を明記しました。関連性を意識することにより、民法の理解が深まります。
・日常生活で起こる問題を解決するためには、民法以外の法律の知識も必要となるので、民事訴訟法や刑法などについても言及しています。また、課税関係の知識も重要なので、税法についても言及しています。
・コラムなどでは、時事問題（コロナ禍など）や最近の動向を解説しています。本書の記載内容が現実社会と密接につながっていることがわかります。
・落語の噺は、噺家によって細部が異なることがあります。本書では、原則として参照した文献をもとに記載しています。
・本書中の法令名の表記のない条文は民法です。

# 落語でわかる「民法」入門 ◎ 目次

はしがき　1

民法と本書の対応表　12

## 第1章　総則

### 第1話　茶碗の価値は　～「錯誤」を学びます――16

『茶金（ちゃきん）』……16

1　まくら（はじめに、導入）　17

2　契約の拘束力　17

3　錯誤　18

（1）錯誤とは？　18／（2）錯誤取消しの要件　19／（3）重過失　19

（4）錯誤取消しの効果　20

4　債務不履行責任　20

5　おわりに　20

コラム1　電子消費者契約と錯誤の重過失　21

### 第2話　効かない、くすり　～「詐欺」を学びます――22

『蟇（がま）の油』……22

1　まくら　22

2　詐欺　23

（1）詐欺とは？　22／（2）詐欺取消しの要件　23／（3）詐欺取消しの効果　24

3　消費者契約法　24

（1）『蟇の油』の買主の選択肢　24／（2）消費者契約法の目的　25

（3）取消権が発生する誤認惹起行為　25／（4）誤認惹起行為取消しの効果　25

4　おわりに　26

コラム2　寅さんの啖呵売　26

コラム3　消費者団体訴訟制度　26

コラム4　東京医科大学の不正入試事件　27

第3話　百兵衛、魂の座　～「代理」を学びます ―――― 29
『百川（ももかわ）』……29
1　まくら　30
2　代理　30
（1）代理とは？　30／（2）代理の要件　30／（3）代理が認められない行為　31
（4）代理行為（意思表示）の瑕疵　31／（5）顕名のない代理行為　31
3　無権代理　31
（1）無権代理とは？　31／（2）無権代理人の責任　32
（3）本人の表見代理責任　33
4　使者　33
5　おわりに　33
第4話　債権者、襲来　～「消滅時効」を学びます ―――― 35
『掛取万歳（かけとりまんざい）』……35
1　まくら　35
2　消滅時効　36
（1）消滅時効とは？　36／（2）消滅時効の対象になる権利　36
（3）債権の消滅時効期間　36
3　時効障害など　37
（1）時効障害　37／（2）援用　38
4　日常家事債務の連帯責任　39
（1）夫婦の連帯責任　39／（2）日常の家事　39
5　おわりに　40
コラム5　債権の消滅時効期間（民法改正前）　40
コラム6　賃金請求権の消滅時効期間　40
コラム7　刑事事件の公訴時効　41

## 第2章　物権

第5話　泥棒、侵入　～「即時取得」を学びます ―――― 44
『両泥（りょうどろ）』……44
1　まくら　44

2　物権と返還請求権　44
3　即時取得　45
（1）即時取得とは？　45 ／（2）即時取得の要件　46 ／（3）即時取得の効果　47
4　盗品についての特則　47
5　おわりに　48
コラム8　古物商の特則　48
コラム9　盗品と刑法　48
第6話　見知らぬ、財布　～「遺失物」を学びます　50
『芝浜』　50
1　まくら　51
2　遺失物法と刑法　51
3　所有権の取得　51
4　報労金　52
5　おわりに　52
コラム10　埋蔵物　53
コラム11　談志落語会居眠り訴訟　54
第7話　与太郎の戦い　～「質権」を学びます　55
『大工調べ』　55
1　まくら　56
2　担保物権　56
3　質権　56
（1）質権とは？　56 ／（2）質権の目的物　57
（3）動産質権の留置的効力　57 ／（4）動産質権の優先弁済権の実現　57
4　請負契約　58
（1）請負契約とは？　58 ／（2）下請負　59
5　おわりに　59
コラム12　質屋の盛衰　60
コラム13　虚偽の陳述　60
第8話　長屋、心、重ねて　～「抵当権」を学びます　62
『三軒長屋（さんげんながや）』　62
1　まくら　63

2　不動産賃借権　63
（1）売買は賃貸借を破る　63／（2）不動産賃借権の登記　63
（3）借地借家法　64
3　抵当権　65
（1）抵当権とは？　65／（2）優先弁済権を実現する競売手続　65
（3）明渡猶予と敷金返還　66
4　生活騒音　66
（1）慰謝料請求　66／（2）差止請求　67
5　おわりに　68
コラム14　抵当権と質権　68
コラム15　隣人騒音と傷害罪　69

## 第3章　債権

第9話　三人目の適格者　～「履行の強制」を学びます――72
『三枚起請（きしょう）』……72
1　まくら　73
2　婚約　73
（1）婚約とは？　73／（2）婚約の効果　73／（3）結婚詐欺　73
3　履行の強制　74
（1）自力救済の禁止　74／（2）履行の強制の種類　74
（3）履行の強制ができない債権　75
4　おわりに　75
コラム16　三重売買　76
第10話　親子のかたち、兄弟のかたち　～「人的担保」を学びます――78
『福禄寿（ふくろくじゅ）』……78
1　まくら　79
2　物的担保と人的担保　79
3　分割債務　80
4　連帯債務　80
（1）連帯債務の性質　80／（2）求償権　80
5　保証債務　81

（1）保証債務の成立　81
（2）事業のために負担した貸金等債務についての個人保証　81
（3）保証債務の性質　82／（4）債権者の情報提供義務　82／（5）求償権　82
6　連帯保証債務　83
7　おわりに　83

第11話　退去に至る不払、そして　～「不動産賃貸借」を学びます――84

『長屋（ながや）の花見』……84
1　まくら　84
2　賃借人の義務　85
3　不動産賃借人の義務違反による債務不履行解除　85
（1）債務不履行解除　85／（2）信頼関係破壊の法理　86
4　建物明渡しの強制執行　86
5　不動産賃借権の相続　87
6　おわりに　87
コラム17　法定更新と立退料　88
コラム18　サブリース　88
コラム19　刑法の建造物損壊罪と器物損壊罪　89

第12話　叩き食べ続けた闇の中で　～「契約不適合」を学びます――90

『夢八（ゆめはち）』……90
1　まくら　90
2　契約不適合　90
3　買主の救済　91
（1）追完請求権及び代金減額請求権　91／（2）損害賠償請求権　92
（3）解除権　93／（4）買主救済の期間制限　94
4　おわりに　94
コラム20　『ねじまき鳥クロニクル』の首吊り屋敷　95
コラム21　プライバシー権と情報の公益性　95
コラム22　検視　96

第13話　世界の中心で富を叫んだ久蔵　～「事務管理」を学びます――97

『富久（とみきゅう）』……97
1　まくら　98

2　事務管理　98
3　贈与契約　99
（1）贈与契約の成立　99 ／（2）書面によらない贈与の解除　99
（3）停止条件　99
4　不法行為と失火責任法　100
5　おわりに　100
コラム23　タコ社長の葬式準備　101
コラム24　事務管理に基づく損害賠償請求　101

第14話　雨、堪忍した後　～「不法行為」を学びます――103
『天災』……103
1　まくら　103
2　不法行為　104
（1）不法行為とは？　104 ／（2）故意または過失　104
（3）不法行為の効果　105 ／（4）過失相殺　106 ／（5）消滅時効　106
3　使用者責任　106
（1）使用者責任とは？　106 ／（2）使用者責任の要件　106
（3）被用者に対する求償権　107 ／（4）使用者に対する求償権　107
4　工作物責任　107
（1）工作物責任とは？　107 ／（2）占有者　108
（3）設置または保存の瑕疵　108 ／（4）原因者に対する求償権　109
5　おわりに　109
コラム25　弁護士費用の損害賠償請求　109
コラム26　不可抗力と新型コロナウイルス　110

## 第4章　親族

第15話　誰の子、誕生　～「嫡出推定」を学びます――112
『町内の若い衆』……112
1　まくら　112
2　母子関係　112
3　父子関係　113
（1）嫡出推定　113 ／（2）嫡出推定を受けない嫡出子　114

4　おわりに　114
コラム27　性別の取扱変更と嫡出推定　115
コラム28　無戸籍と嫡出推定　115
コラム29　赤ちゃんポストと内密出産　116
第16話　真実と沈黙　～「不貞行為」を学びます　118
『紙入れ』　118
1　まくら　118
2　損害賠償請求　119
（1）不貞配偶者に対する請求　119／（2）不貞配偶者の相手方に対する請求　119
（3）慰謝料請求の対象行為と金額　120／（4）共同不法行為　120
3　離婚請求　120
（1）有責配偶者に対する請求　120／（2）有責配偶者からの請求　121
4　おわりに　121
コラム30　不貞行為を行った同性パートナーに対する慰謝料請求　122
コラム31　不貞配偶者の相手方に対する離婚に伴う慰謝料請求　122
第17話　熊五郎、心のむこうに　～「離婚」を学びます　124
『子別れ』　124
1　まくら　125
2　離婚　125
3　親権者、面会交流、養育費　125
（1）親権者　125／（2）面会交流　126／（3）養育費　126
4　財産分与　127
（1）財産分与とは？　127／（2）清算の対象　127／（3）清算の割合　127
（4）課税関係　127
5　監督義務者責任　128
（1）責任能力　128／（2）責任無能力者の監督義務者の責任　128
（3）責任能力者の監督義務者の責任　129
6　おわりに　130
コラム32　離婚後の共同親権　130
コラム33　養育費の回収　130
コラム34　サッカーボール事件　131

## 第5章 相続


第18話 竹次郎、来京 ～「遺産分割」を学びます ―― 134

『鼠穴（ねずみあな）』……134

1 まくら 135

2 遺産分割 136

（1）遺産分割とは？ 136／（2）遺産分割の当事者 136

（3）遺産分割の流れ 136

3 不動産の遺産分割 137

（1）不動産の評価額 137／（2）不動産の分割方法 137

4 消費貸借契約 138

（1）消費貸借契約とは？ 138／（2）利息 139／（3）返還時期 139

5 おわりに 139

コラム35 相続人と法定相続分 140

コラム36 不動産を共有分割にすると 140

第19話 子の選択を ～「遺言」を学びます ―― 143

『片棒』……143

1 まくら 143

2 遺言 144

（1）遺言とは？ 144／（2）遺言の基準年齢 144／（3）遺言の撤回 144

（4）遺言の方式 144

3 自筆証書遺言 145

（1）自筆証書遺言とは？ 145／（2）自筆証書遺言の方式要件 145

（3）自筆証書遺言の検認 146

4 公正証書遺言 146

（1）公正証書遺言とは？ 146／（2）公正証書遺言の作成方式 147

5 遺贈 147

（1）遺贈とは？ 147／（2）特定財産承継遺言など 147

（3）受遺者及び承継者の死亡 148

6 遺留分侵害請求権 148

（1）遺留分とは？ 148／（2）遺留分侵害の効果 149

7 おわりに 149

コラム37 『犬神家の一族』と検認 149
コラム38 Why Japanese people、ハンコ押す？ 150

第20話 夫の造りしもの ～「相続放棄」を学びます 152
『不動坊火焔』（ふどうぼうかえん） 152
1 まくら 152
2 単純承認、限定承認、相続放棄 153
（1）相続人の3つの選択肢 153 ／（2）熟慮期間 153 ／（3）法定単純承認 154
（4）相続放棄の手続及び効果 155
3 配偶者が死亡した場合の姻族関係 156
4 再婚禁止期間 156
5 おわりに 157
コラム39 相続放棄と管理義務 157
コラム40 相続債務 157

第21話 死者の最期 ～「相続人不存在」を学びます 159
『黄金餅』（こがねもち） 159
1 まくら 159
2 相続人のあることが明らかでない場合 160
（1）手続の流れ 160
（2）特別縁故者に対する相続財産の分与 160
3 建物賃借人の死亡 161
（1）建物賃借権の相続 161
（2）遺品の処分 161
4 残骨灰 161
5 おわりに 162
コラム41 国庫帰属 162
コラム42 所有者不明土地 162
コラム43 空き家 163

索引 165

## 民法と本書の対応表

| 編 | 章 | 節 | 本書 |
|---|---|---|---|
| 第1編　総則 | 第1～4章　通則、人、法人、物 | | |
| | 第5章　法律行為 | 第1節　総則 | |
| | | 第2節　意思表示 | 錯誤（第1話）、詐欺（第2話）、心裡留保（第9話） |
| | | 第3節　代理 | 第3話 |
| | | 第4節　無効及び取消し | 第1話、第2話 |
| | | 第5節　条件及び期限 | 停止条件（第13話） |
| | 第6章　期間の計算 | | |
| | 第7章　時効 | | 消滅時効（第4話） |

| 編 | 章 | 節 | 本書 |
|---|---|---|---|
| 第2編　物権 | 第1章　総則 | | 物権法定主義（第5話）、多重売買（第9話） |
| | 第2章　占有権 | 第1節　占有権の取得 | |
| | | 第2節　占有権の効力 | 即時取得（第5話） |
| | | 第3～4節　占有権の消滅、準占有 | |
| | 第3章　所有権 | 第1節　所有権の限界 | |
| | | 第2節　所有権の取得 | 遺失物の拾得・埋蔵物の発見（第6話） |
| | | 第3節　共有 | 第18話、第21話 |
| | 第4～8章　地上権、永小作権、地役権、留置権、先取特権 | | |
| | 第9章　質権 | | 第7話 |
| | 第10章　抵当権 | | 第8話 |

| 第3編　債権 | 第１章　総則 | 第１節　債権の目的 | 法定利率（第18話） |
|---|---|---|---|
| | | 第２節　債権の効力 | 履行の強制（第９話）、債務不履行による損害賠償（第９話、第12話） |
| | | 第３節　多数当事者の債権及び債務 | 第10話 |
| | | 第４～７節　債権の譲渡、債務の引受け、債権の消滅、有価証券 | |
| | 第２章　契約 | 第１節　総則 | 契約締結（第１話）、契約解除（第12話） |
| | | 第２節　贈与 | 第13話 |
| | | 第３節　売買 | 契約不適合（第１話、第12話） |
| | | 第４節　交換 | |
| | | 第５節　消費貸借 | 第18話 |
| | | 第６節　使用貸借 | 第11話 |
| | | 第７節　賃貸借 | 第８話、第11話、第21話 |
| | | 第８節　雇用 | 第７話 |
| | | 第９節　請負 | 第７話 |
| | | 第10節　委任 | 第７話 |
| | | 第11～14節　寄託、組合、終身定期金、和解 | |
| | 第３章　事務管理 | | 第６話、第13話 |
| | 第４章　不当利得 | | |
| | 第５章　不法行為 | | 第８話、第９話、第13話、第14話、第16話、第17話 |

| 第4編 親族 | 第1章　総則 | | 姻族関係の終了（第20話） |
|---|---|---|---|
| | 第2章　婚姻 | 第1節　婚姻の成立 | 再婚禁止期間（第20話） |
| | | 第2節　婚姻の効力 | |
| | | 第3節　夫婦財産制 | 日常家事債務の連帯責任（第4話、第20話） |
| | | 第4節　離婚 | 第16話、第17話 |
| | 第3章　親子 | | 第15話 |
| | 第4章　親権 | | 第17話、利益相反行為（第18話） |
| | 第5～7章　後見、保佐及び補助、扶養 | | |

| 第5編 相続 | 第1章　総則 | 第18話 |
|---|---|---|
| | 第2章　相続人 | 第18話 |
| | 第3章　相続の効力 | 第18話 |
| | 第4章　相続の承認及び放棄 | 第20話 |
| | 第5章　財産分離 | |
| | 第6章　相続人の不存在 | 第21話 |
| | 第7章　遺言 | 第19話 |
| | 第8章　配偶者の居住の権利 | |
| | 第9章　遺留分 | 第19話 |
| | 第10章　特別の寄与 | |

※本書の内容は、2020年10月現在の法律に基づいています。

装丁／志岐デザイン事務所（萩原 睦）
イラスト／角 一葉
本文DTP／一企画

第1章

総　則

# 第1話　茶碗の価値は

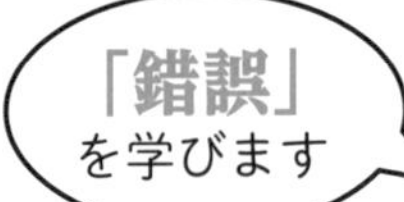

## 『茶金（ちゃきん）』

（古今亭志ん朝『志ん朝の落語５』（筑摩書房、平成16年）384～412頁 参照）

京都で茶道具屋を営む茶屋金兵衛は、鑑定の名人で「茶金」と呼ばれていた。茶金は品に価値がないときは手に取らないので、茶金が手に取るだけでその品の評価額が倍になった。さらに、手に取るだけでなく、首を傾げると100両の値打ちがあるといわれていた。

ある日、茶金が、清水寺の音羽（おとわ）の滝の前にある掛け茶屋で、手元の清水焼の数茶碗を凝視し、首を６回傾げた。それを脇で見ていたのが油屋の八五郎である。江戸で食い詰めて、京都へ逃げてきた男である。茶金が首を６回傾げたのであるから茶碗には600両の価値があると思い、茶屋の亭主と交渉して手に入れようとする。茶屋の亭主も茶金が傾げるのを見ていたため、600両の価値があるといって譲ろうとしなかったが、最終的には八五郎は３両（と売り物である油の荷）で購入することができた。

数日後、八五郎は茶碗を持って、茶金の店を訪れる。番頭が応対すると、八五郎は茶金が見ないと価値がわからないという。しかしながら、新品であっても６文、これは古いから１文の値打ちもないと茶金からいわれてしまう。なぜ茶屋で首を傾げていたのかと聞くと、茶金が傷やひびがないのに漏ったからであると答えたため、八五郎は落胆する。八五郎から事情を聞いた茶金は、自分の名前を買ってくれたのは嬉しいと述べ、八五郎が再び商売ができるように10両を貸し付ける。八五郎は10両を受け取ると、茶碗は忌々しいからどこへでも投げ捨てておいてくれといい残し、立ち去ってしまう。

茶金が茶席で近衛殿下に漏る茶碗の話をしたところ、殿下は、短冊に「音なくしてしたたり落つる清水焼はてな（名）の高き茶碗なりけり」と書いた。そして、御所へ参内した殿下から帝（みかど）が茶碗の話を聞き、実際に試してみると漏るため、帝が色紙に「漏りいでし岩間の清水流れてそ世に伝わりては（果）

てな（名）かるらむ」と書いた。そして、帝は、茶碗の箱の蓋に「はてな」と筆で字を書いた。

評判が広まり、茶金は漏る茶碗を1000両で売ることができた。そのうち300両を八五郎に渡し、早く江戸に帰りなさいと伝える。

数日後、表が騒がしい。大きな団扇（うちわ）を持った八五郎がワッショイ、ワッショイ囃（はや）し立て、大きな箱を担いだ若い衆たちとともにやって来た。茶金が江戸へ帰ったのではないかと聞くと、八五郎は今度は10万両の金儲けだといい、箱の蓋を開けて漏る水甕（みずがめ）を見せた。

## 1 まくら（はじめに、導入）

購入した物が気に入らなければ、返品し、支払った代金を返してもらうことができるのでしょうか。

私的生活関係を規律する一般法である民法は、**契約**をどんなときでも無効にして返品できるとは規定していません。また、売主が契約の解除に応じてくれるのであれば返品できますが（合意解除）、民法上は契約をどんなときでも解除して返品することはできません（第12話→93頁参照）。

『茶金』は、水が漏るので茶を飲む道具としては使用価値がない茶碗の交換価値がどんどん上がっていく噺です。八五郎は、茶金が首を傾げたのが水漏れしたからだと購入後に知ったとき、清水寺の茶店の亭主に対し、茶碗を返すから支払った３両を返してくれと請求できたのでしょうか（結果的に返品しなかった八五郎の判断は正しかったわけですが）。

## 2 契約の拘束力

契約は、**両当事者の意思表示の合致（合意）**によって成立します。誰もが契約をするかどうかを自由に決定することができ、さらに当事者は契約内容を自由に決定することができます（521条）。自らの意思で契約をいったん締結すると契約内容に拘束され、契約を無効にすることはできません。もっとも、**意思表示に瑕疵（かし）（傷）がある場合**には、合意は法的保護を与えるのにふさわしいとはいえないので、**合意（契約）の効力が無効にされることがあります**。

## ③ 錯誤

### （1）錯誤とは？

意思表示した者（表意者）自身が認識せずに真意と異なる表示をすることを**錯誤**といいます。95条に記載された要件（次頁の（２））を充たすときは、錯誤を理由として**意思表示を取り消すことができます**。些細な勘違いなどの場合にまで取り消すことができると、契約の相手方の地位が著しく不安定になるため、取消しは制限されています。

（取消しの対象となる）錯誤には２種類あります（95条１項各号）。

まず、意思表示に対応する意思を欠く錯誤（以下「**表示の錯誤**」といいます）です。例えば、書き（言い）間違い、１ダース（12個）を10個だと誤解して１ダースの売買契約を締結するなどです。

もう１つが、法律行為の基礎とした事情についてその認識が真実に反する錯誤（以下「**動機の錯誤**」といいます）です。例えば、有名画家の作品だと誤解したり、リニア新幹線の駅が近くにできると誤解するなどです。『茶金』の場合、茶金が首を傾げ、その価値を認めた茶碗であると誤解しており、動機の錯誤に該当します。

**95条（錯誤）**

１項　意思表示は、次に掲げる錯誤に基づくものであって、その錯誤が法律行為の目的及び取引上の社会通念に照らして重要なものであるときは、取り消すことができる。

１号　意思表示に対応する意思を欠く錯誤

２号　表意者が法律行為の基礎とした事情についてのその認識が真実に反する錯誤

２項　前項第２号の規定による意思表示の取消しは、その事情が法律行為の基礎とされていることが表示されていたときに限り、することができる。

３項　錯誤が表意者の重大な過失によるものであった場合には、次に掲げる場合を除き、第１項の規定による意思表示の取消しをすることができない。

1号　相手方が表意者に錯誤があることを知り、又は重大な過失によって知らなかったとき。
2号　相手方が表意者と同一の錯誤に陥っていたとき。

### （2）錯誤取消しの要件

表示の錯誤の場合は下記の①が要件です。相手方が表意者の錯誤に気づいていたことや、気づくことができたことは要件になっていません。他方、動機の錯誤の場合は、①だけでなく②も要件になります。

**①錯誤が重要であること（95条1項）**

錯誤が法律行為の目的及び取引上の社会通念に照らして重要なものであることが要件です。重要であるかどうかは、その錯誤が意思表示をした当事者だけでなく、一般人にとっても重要であるかによって判断します。

『茶金』の場合、京都で鑑定の名人とされていた茶金が価値を認めたかどうかは、八五郎だけでなく一般人にも重要といえるので、錯誤が重要であるという要件を充たします。

**②表示（95条2項）**

法律行為の基礎とした事情（動機）が表示されるだけでなく、（条文には記載されておりませんが解釈により）相手方に了解されて法律行為の内容（契約の場合には、合意の内容）になっていたことが要件です。

『茶金』の場合、茶金がその価値を認めたという八五郎の動機が（明示または黙示に）表示され、八五郎と茶屋の亭主の共通認識になっており、合意の内容になっているので、この要件を充たします。

### （3）重過失

錯誤に陥ったことに重大な過失（**重過失**）があったときは、表意者の帰責性（責めに帰すべき要因）が大きいため、**意思表示を取り消すことができません**（95条3項）。重過失とは、一般人に期待される注意を著しく欠いていることをいいます。

ただし、相手方が表意者に錯誤があることを知り、もしくは重大な過失によって知らなかったとき、または相手方も同一の錯誤に陥っていたときは、相手方を保護する必要がないため、錯誤により**意思表示を取り消すことができます**。

『茶金』の場合、茶金が価値を認めたと八五郎が誤解したことに重過失があったとしても、茶屋の亭主も同一の錯誤に陥っていたので、八五郎は錯誤により意思表示を取り消すことができます。

### (4) 錯誤取消しの効果

錯誤により意思表示が取り消されると、意思表示は**初めから無効**であったとみなされ (121条)、その意思表示を要素とする契約も**無効**になります。

契約が無効である場合において、その契約に基づいて給付がされていたときは、給付を受けた者は、法律上の原因のない給付を受けたことになるので、**原状回復義務**を負います (121条の2 第1項)。売買契約が無効である場合、売主は代金として受領した金銭 (と受領時から返還時までの金銭の法定利息 (第18話→139頁参照)) を返還し、買主は目的物 (と受領時から返還時までの目的物の使用利益) を返還します。

『茶金』において、売買契約が錯誤により無効になると、八五郎は茶碗を返還し、茶店の亭主は3両を返還します。

## 4 債務不履行責任

『茶金』において、茶金がその価値を認めた茶碗を引き渡すことが売主である茶屋の亭主の債務であったと考えると、茶金が価値を認めていない茶碗を引き渡したことは、売買目的物の品質面での契約不適合であり、八五郎は茶屋の亭主の**債務不履行責任** (562条～) を主張することもできます (第12話→91頁参照)。具体的には、損害賠償請求や売買契約の解除などです。

債務不履行責任と錯誤取消しのいずれを主張するかについては、①賠償額などにより柔軟な解決ができる債務不履行責任を主張すべきとする説、②買主が選択できるとする説、③そもそも両者は競合しないので選択できる状況にはならないとする説があり、見解が分かれています。

## 5 おわりに

落語には、『茶金』以外にも『井戸の茶碗』『猫の皿』など勘違いが主題になっている噺があります。民法の錯誤に該当するのか、ぜひ検討してみてください。

## コラム1 電子消費者契約と錯誤の重過失

パソコンやスマートフォンを利用してインターネット上で契約することが日常生活のなかで増えています。電子消費者契約は、簡便・迅速に行えるというメリットがある反面、消費者が誤操作をするおそれがあるため、「**電子消費者契約に関する民法の特例に関する法律**」により消費者保護が図られています。

同法により、錯誤に重過失がある場合には意思表示の取消しができないという**民法の規定（95条３項）が一定の場合には適用されない**ので、誤操作という重過失と評価されかねないときであっても意思表示を取り消すことができます。一定の場合というのは、消費者が行う電子消費者契約の意思表示が表示の錯誤であり、その錯誤が法律行為の目的などに照らして重要なものである場合などです。

ただし、事業者が消費者に確認を求める措置を講じた場合などは、**95条３項は適用されます**。注文完了直前によく見かける最終確認画面はこの措置に該当します。結局、最終確認画面でも誤操作に気づかずに契約を成立させてしまうと、重過失に該当し、錯誤の主張が認められないおそれがあります。

### まとめ

- **錯誤には、表示の錯誤と動機の錯誤がある。**
- **表示の錯誤の場合、錯誤が重要であることが要件である。動機の錯誤の場合、さらに表示も要件になる。要件を充たす場合、意思表示を取り消すことができる。**
- **表意者の錯誤に重過失がある場合、一定の場合を除き、意思表示を取り消すことができない。**

### 参考文献


- 佐久間毅『民法の基礎１ 総則〔第４版〕』（有斐閣、平成30年）144～163頁、221～222頁
- 潮見佳男「学びなおし・民法総則」（法学教室、平成30年７月号・№454、87～89頁）

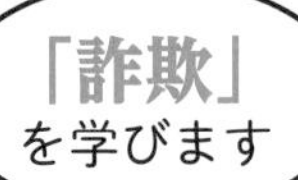


# 第2話　効かない、くすり

## 『蟇(がま)の油』

（麻生芳伸 編『落語百選 春』（筑摩書房、平成11年）181〜187頁 参照）

蟇の油売りが人の賑わう場所で立板(たていた)に水*の口上を述べている。四方に鏡を立て鏡に写る己の姿を見せ驚かせて蟇に流させた脂汗を21日間煮詰めてつくったものであるという。腫れ物いっさいに効くだけでなく、切れ物の切れ味を止めるといって実演する。刀で紙を切った後、その刀に蟇の油を塗り、再び紙を切ろうとすると切れない。しかし、蟇の油を拭き取ると、鉄の板を真っ二つに切ることができる。さらに、刀に触れると手が切れるが、蟇の油を塗ると血が止まるという。

売れ行きがよかったので居酒屋で一杯飲んだ後、蟇の油売りはさらに商いをしようと欲を出す。しかしながら、酔っ払っているから上手くいかない。蟇の油を塗った刀で自分の腕を叩くと、切れてしまう。蟇の油を塗っても血が止まらない。

「お立ちあいのうちに、どなたか血どめをお持ちの方はござらぬか？」

**言葉の意味**

＊　立板に水……よどみなく。

## 1　まくら

騙(だま)されて商品を購入した場合、商品を返品し、支払った代金を返してもらえるのは当然のように思えますが、民法などはどのように規定しているのかを『蟇の油』を例にして解説します。

なお、医療品の販売などについては、医療品医療機器等法による規制がありますが、説明を割愛いたします。

## 2 詐欺

### （1）詐欺とは？

他人を騙して錯誤に陥らせ、それによって意思表示をさせようとする行為を**詐欺**といいます。

騙されて意思表示する多くの場合、表意者は動機の錯誤に陥っており、動機の錯誤による意思表示の取消しの要件（第１話→19頁参照）を充たせば、意思表示を取り消すことができます。さらに、詐欺の場合には、違法な行為によって錯誤が生じているので、**詐欺を理由として、意思表示を取り消すことができます**（96条１項）。

> **96条（詐欺又は強迫）**
> １項　詐欺又は強迫による意思表示は、取り消すことができる。

### （2）詐欺取消しの要件

詐欺による意思表示を取り消すためには、条文には「詐欺」としか記載されていませんが、下記の３つの要件をすべて充たす必要があります。

まず、**欺罔者（欺いた者）の故意**です。他人を欺いて錯誤に陥らせ、その錯誤に基づいて一定の意思表示をさせようとする決意のことです。冗談などのように相手方が錯誤に陥らないことを期待してその行為をした場合には、欺罔者の故意があったとはいえません。

『蟇の油』の場合、蟇の油を売るためのパフォーマンスとして誇大な口上を述べたにすぎず、客が勘違いしないことを期待していたのであれば、油売りに欺罔者の故意があったとはいえません。

２つ目は、**欺罔行為の違法性**です。欺く行為が社会通念上許される限度を超えたものであることです。違法であるかどうかは、個々の取引類型や両当事者の地位・専門的知識の有無などを考慮して判断されます。信用のある大商店と露店商人とでは要求される正直さの度合いが異なります。同じことをしても、『茶金』（第１話→16頁参照）の茶屋金兵衛であれば違法性が認められ、『蟇の油』の油売りであれば違法性がないとされることもあります。

『蟇の油』の場合、原料が特別なカエルの脂汁であり、効能として腫れ物や血止めに効くことが虚偽なのであれば、原料及び効能という目的物の基本的な性質に関わる点であり、売主が露店商人であるとはいえ、違法性が認められる可能性があります。

３つ目の要件は、欺罔行為により錯誤に陥り、表意者がその錯誤に基づき意思表示をしたこと（**因果関係**）です。錯誤と異なり、重要であることは要件ではありませんし、表意者が錯誤に陥ることに（重）過失があっても取り消すことができます。

『蟇の油』の場合、油売りの行為により効能などについて錯誤に陥り、買主がその錯誤に基づき売買契約を締結することが要件になります。

### （3）詐欺取消しの効果

錯誤と同じく、詐欺により意思表示が取り消されると、意思表示は**初めから無効**であったとみなされ（121条）、その意思表示を要素とする契約も**無効**になります。そして、**原状回復義務**が生じます（121条の２第１項）。なお、被害者は、契約を無効にしたうえで、欺罔者に対して不法行為に基づく損害賠償請求（第14話→104頁参照）をすることができます。

『蟇の油』の場合、詐欺により売買契約が無効になると、油売りは受領した金銭を返還し、買主は蟇の油を返還します。受領時の状態に戻さなければならず、蟇の油の一部を使用した場合には、買主は使用部分（いくつかに蟇の油が小分けされている場合のその使用した小分け部分）に相当する価額の返還義務も負います。

なお、騙された買主の返還義務は、信義則（信義誠実の原則）などを理由として現に利益を受けている限度（**現存利益**）の返還に止められるべきであるとする見解もあります。給付を受けて他の出費を免れたなどにより利得が残っている場合には、その利得も返還しなければなりませんが、原状回復義務よりも返還義務の範囲は狭いです。

## ③ 消費者契約法

### （1）『蟇の油』の買主の選択肢

蟇の油の購入者の選択肢として、民法の詐欺または錯誤を主張する以外に、**消費者契約法**の重要事項の不実告知に該当すると主張することもできます。

### （2）消費者契約法の目的

消費者契約法は**民法の特別法**（一般法である民法よりも優先的に適用される法律）です。この法律は、消費者と事業者との間の情報の質及び量並びに交渉力の格差に鑑み、消費者が誤認または困惑した場合などに意思表示を取り消すことができるとすることなどにより、消費者の利益の擁護を図ることを目的としています。

消費者契約法の適用対象は、**消費者と事業者との間**で締結される契約です。事業者間の契約には適用されません。

### （3）取消権が発生する誤認惹起行為

事業者が契約締結の勧誘に際し、重要事項の不実告知、断定的判断の提供、不利益事実の不告知をしたことにより、消費者が誤認したときは、消費者は**意思表示を取り消すことができます**。これらの誤認を惹起（じゃっき）する行為は、民法の詐欺よりも**立証が容易**です。欺罔者の故意と欺罔行為の違法性（23頁の２（２））が要件にはなりません。

**重要事項の不実告知**は、契約締結の判断に通常影響を及ぼすべき事項について告知内容が客観的に真実でないことをいいます。「安い」や「新鮮である」など客観的に真実であるか判断できない内容は、不実告知には該当しません。

『蟇の油』の場合、原料が特別なカエルの脂汁であり、効能として腫れ物や血止めに効くことが客観的に真実でないのであれば判断に影響を及ぼすので、重要事項の不実告知に該当します。

### （4）誤認惹起行為取消しの効果

重要事項の不実告知などにより意思表示を取り消した場合には、消費者は支払った代金の返還を請求することができます。

他方で、給付を受けたときに取り消すことができるものであることを知らなかったときは、消費者は**現存利益**の返還義務を負います。

『蟇の油』の場合であれば、一部を使用したときであっても、消費者は使用部分に相当する価額の返還義務を負いませんが、残っている蟇の油（及び使用により他の出費が節約されたなどの利得が残っている場合には、その利得）を返還しなければなりません。

## ④ おわりに

騙された場合に泣き寝入りせずに被害回復を図るためにも、民法や消費者契約法の知識は重要になります。

## コラム2　寅さんの啖呵売

映画『男はつらいよ』の寅さんはテキ屋を稼業とし、日本全国で啖呵売をします。「この近くは、墨田区のキリン堂という有名な大きなオモチャ問屋、なんと、たった60万円の税金が払えなくて投げだしたこの品物、本来ならばこんなお安いお値段で、お願い出来るものではないが、こっちにもさしせまった事情があります、え、浅野内匠守じゃないけれど、腹切ったつもりだ、どう、こんないい物が1500円、おい…1000円だ、1000円ね、誰も持って行かない、よし、800円、500円、今日は、貧乏人の、行列だ、よし300円でもって行け、300円だ、ただみたいなもんだよ！」（第17作「寅次郎夕焼け小焼け」）などと啖呵売をします。

有名な大きなオモチャ問屋が投げだした商品であることが真実ではないとしても、仕入れ先を偽っている程度であり、また、寅さんは露店商人であり、300円という低価格であることをも考慮すると、欺罔行為の違法性は認められないでしょう。また、有名な大きなオモチャ問屋が扱うことにより商品の価値が必ずしも上がるわけではないので、錯誤の重要性も認められないでしょう。さらに、契約締結の判断に通常影響を及ぼすとまではいえないので、消費者契約法の重要事項の不実告知にも該当しないでしょう。

したがって、買主が、寅さんに対して、詐欺や錯誤などによる取消しを主張しても認められません。

## コラム3　消費者団体訴訟制度

消費者契約法などによって意思表示を取り消したとしても、事業者が金銭を返還しないことがあります。このような場合、訴訟提起をすることが考えられますが、返還額が少額であるにもかかわらず、訴訟提起す

るとなると時間とお金がかかるため、泣き寝入りせざるを得ないこともありました。

そこで、適格消費者団体が消費者のために事業者に対して「**差止請求**」と「**被害回復**」ができる**消費者団体訴訟制度**が設けられました。被害回復は、特定適格消費者団体が多数の消費者に共通して生じた財産的被害について訴訟を通じて被害の回復を求めるものです。

被害回復のため、平成28年に「消費者の財産的被害の集団的な回復のための民事の裁判手続の特例に関する法律」が施行されました。この法律に基づく初めての判決が東京医科大学の不正入試事件（下記のコラム４参照）です。

第１段階として、特定適格消費者団体が裁判所に訴訟を提起して事業者の金銭支払義務を確認します。そのうえで第２段階として、勝訴判決確定後に消費者に裁判手続への参加を呼びかけ、裁判所が消費者への支払を確定させます。２段階に分けることにより、消費者は事業者から金銭を回収できることがわかった後（第１段階後）に手続に参加することもできます。

この制度により被害回復できるのは、**消費者に一律に認められる損害に限られます**。消費者ごとに金額が異なる慰謝料や逸失（いっしつ）利益（得（う）べかりし利益）などを請求するには、別途、訴訟提起が必要になります。また、相手方である事業者に資力がなければ、この制度を利用しても被害回復を図ることができません。

## コラム４　東京医科大学の不正入試事件

東京医科大学が平成29年度と平成30年度の医学部医学科の入学試験において女性や浪人生を不利に扱う得点調整した件につき、特定適格消費者団体が同大学に対して受験料などの返還義務の確認を求めた共通義務確認訴訟において、受験料、送金手数料、願書郵送料などの返還義務が認められました（東京地裁令和２年３月６日判決・裁判所Ｗｅｂ）。

他方で、受験に要した旅費及び宿泊費は、簡易確定手続において内容を適切かつ迅速に判断することは困難であるなどとして却下されました。

双方控訴せずに判決が確定したので、上記のコラム３の第２段階に移行します。

## まとめ

- **詐欺の要件は、①欺罔者の故意、②欺罔行為の違法性、③欺罔行為により錯誤に陥り、表意者がその錯誤に基づき意思表示をしたことである。**
- **詐欺の効果は、詐欺による意思表示の取消しである。**


参考文献

- 佐久間毅『民法の基礎１　総則〔第４版〕』（有斐閣、平成30年）164～170頁、222頁
- 川島武宜・平井宜雄 編『新版 注釈民法⑶ 総則⑶』（有斐閣、平成15年）466～496頁
- 消費者庁消費者制度課編『逐条解説　消費者契約法〔第３版〕』（商事法務、平成30年）114～119頁、132～134頁、180～183頁
- 山田洋次『山田洋次作品集６〔新装版〕』（立風書房、昭和60年）286頁
- 消費者庁「守ります。あなたの財産　消費者団体訴訟制度」（令和元年６月）

「代理」を学びます

# 第3話 百兵衛、魂の座

## 『百川』

(麻生芳伸 編『落語百選 夏』(筑摩書房、平成11年) 125～142頁 参照)

百兵衛は、日本橋の百川という会席料理屋で飯炊きとして奉公することになった。客である魚河岸の若い衆が2階で手を鳴らした。女中たちが髪結中であったため、百兵衛が行くことになる。

百兵衛が「主人家の抱え人＊1」であると自己紹介すると、若い衆たちは「四神剣＊2の掛け合い人」であると勘違いする。前年の祭りのときに預かったが質屋に入れてしまった四神剣を受け取るため、隣町の交渉人が催促にきたのではないかと考える。

若い衆たちが、今日のところは何もいわずにこの具合いをぐっと呑みこんでお帰りを願いたいと伝えると、百兵衛は慈姑＊3の金団を呑みこんでほしいと頼まれていると誤解して慈姑を呑みこむ。若い衆たちは、百兵衛が「具合い」を「慈姑」へ引っかけて四神剣のことについては万事引き受けたことを示すために呑みこんだ、呑みこんで目を白黒させて笑わせるなんて芸が枯れたもんだと褒めたたえる。

その後、若い衆たちは、百兵衛が「主人家の抱え人」であることを知る。三味線を演奏してもらいたいので常磐津＊4の歌女文字師匠を呼んできてほしいと百兵衛に使いを頼むと、医師の鴨池先生を連れてきてしまう。若い衆たちが抜けていると非難すると、百兵衛が「たった１字だけだ」。

**言葉の意味**

＊1 **抱え人**……従業員。
＊2 **四神剣**……青竜、白虎、朱雀、玄武の四神を祀った旗(先端に剣がついている)。
＊3 **慈姑**……オモダカ科の多年草。塊茎は食用になる。
＊4 **常磐津**……浄瑠璃の一派。

## 1 まくら

『百川』の百兵衛は、掛け合い人（交渉人）だと勘違いされたり、使い（使者）として常磐津の師匠を呼んでくるように頼まれたりします。交渉をするために代理権が付与されますが、民法が代理についてどのように規定しているのか、代理人と使者の相違点は何かを解説します。

話をわかりやすくするため、『百川』において、隣町の者が百兵衛に（四神剣の返還ではなく）鰹を購入する代理権を付与したと仮定します（**仮定事例１**）。

## 2 代理

### （1）代理とは？

**代理**とは、代理人が本人のために意思表示をし、または意思表示を受領することによって、本人に効果を帰属させる制度です（99条）。

代理には、任意代理と法定代理があります。**任意代理**は、本人の意思に基づいて代理人に代理権を付与する制度です。主に本人が取引範囲を広げるために行われます。他方、**法定代理**とは、成年後見など法律に基づいて代理人に代理権を付与する制度です。主に本人を保護・支援するためのものです。

『百川』の仮定事例１の場合は、隣町の者の意思に基づいて百兵衛に代理権を付与しているので、任意代理です。

> **99条（代理行為の要件及び効果）**
> １項　代理人がその権限内において本人のためにすることを示してした意思表示は、本人に対して直接にその効力を生ずる。

### （2）代理の要件

代理により効果を本人に帰属させるためには、①代理行為、②顕名（けんめい）、③代理権の３つが要件になります。

①**代理行為**とは、代理人の行為のことです。②**顕名**とは、代理人が代理行為をするときに本人のためにすることを示すことです。そして、③**代理権**とは、本人の意思または法律に基づいて、本人に代わって一定の行為を行う権限が付与されていることです。

### （3）代理が認められない行為

すべての行為について代理が認められるわけではなく、婚姻や遺言（第19話→144頁参照）などは、本人の意思表示を必要とするので代理が認められません。例えば、親が子を代理して婚姻の意思表示をして婚姻成立の効果を子に帰属させることなどはできません。

### （4）代理行為（意思表示）の瑕疵

錯誤（第１話→18頁参照）や詐欺（第２話→22頁参照）など**意思表示に瑕疵があったかどうかは、代理人について判断します**（101条１項、２項）。

『百川』の仮定事例１の場合において、百兵衛が魚河岸の者から（鰹ではなく）鮎を購入したときは、代理人である百兵衛の意思表示に瑕疵があったかどうかを検討します。百兵衛が鰹と鮎を勘違いしたのであれば錯誤になります。

### （5）顕名のない代理行為

代理人が顕名をしなかったときは、相手方の信頼を保護するため、代理人は自らのために意思表示したものとみなされます（100条本文）。ただし、相手方が本人のためであることを知り、または知ることができたときは、効果は本人に帰属します（100条但書）。

『百川』の仮定事例１で百兵衛が魚河岸の者から鰹を購入する場合に、隣町の者のためであることを示さなかったときは、百兵衛が買主になり（代金支払義務を負い）ます。ただし、魚河岸の者が百兵衛の意思表示が隣町の者のためであることを知っていたときなどは、隣町の者が買主になります。

## ③ 無権代理

### （1）無権代理とは？

代理行為をした者が代理権を有していないか、または代理権を有しているものの授権された範囲を超えて代理行為をすることを**無権代理**といいます。

無権代理の場合、原則として**代理行為の効果は本人に帰属しません**。ただし、本人が追認したときは、本人に効果が帰属します（113条１項）。無権代理人と相手方との間に契約の効力は生じません。

ここで、もし、『百川』の百兵衛が隣町の者から代理権を付与されていないにもかかわらず、無断で隣町の者のために魚河岸の者から鮭を１万円で購入したときには（**仮定事例２**）、隣町の者は買主にはなりません。ただし、隣町の者は、追認して鮭の買主になることもできます。百兵衛と魚河岸の者との間に売買契約の効力は生じません。

> **113条（無権代理）**
> １項　代理権を有しない者が他人の代理人としてした契約は、本人がその追認をしなければ、本人に対してその効力を生じない。

### （2）無権代理人の責任

無権代理行為を行い、本人の追認が得られない場合、相手方は、無権代理人に対して**履行**または**損害賠償**の請求ができます（117条１項）。無権代理人は、自己に代理権のないことを知らず、知らないことについて過失のない場合であっても責任を負います（無過失責任）。ただし、代理権を有しないことを相手方が知っていたときなどは、無権代理人に対して履行及び損害賠償を請求できません（117条２項）。

『百川』の仮定事例２の場合において、隣町の者が追認しないときは、魚河岸の者は、百兵衛に対して鮭の代金を請求することができます（履行の請求）。このとき、百兵衛は鮭の引渡しを請求することができます。

また、魚河岸の者が、無権代理の発覚後に代わりに第三者に鮭を売却したが、鮮度が落ちたため売却金額が7500円となってしまったときには、無権代理による売却金額（１万円）との差額である2500円を百兵衛に対して損害賠償請求することができます。

ただし、魚河岸の者が、百兵衛が代理権を有しないことを知っていたときなどは、請求はできません。

> **117条（無権代理人の責任）**
> １項　他人の代理人として契約をした者は、自己の代理権を証明したとき、又は本人の追認を得たときを除き、相手方の選択に従い、相手方に対して履行又は損害賠償の責任を負う。

### （3）本人の表見代理責任

無権代理の場合において、代理権が存在するかのような状態をつくりだした帰責性が本人にある一定のときは、相手方は、本人に対し無権代理人の行為の効果を引き受けさせることができます（109条、110条、112条）。これを**表見代理責任**といいます。相手方は、**無権代理人の責任を主張するか、本人の表見代理責任を主張するかを選択することができます**。

『百川』の仮定事例２において、鮭を購入する代理権は与えていなかったが、（仮定事例１のように）鰹を購入する代理権を与えていた場合において、魚河岸の者が百兵衛に鮭を購入する代理権があると信じたことについて正当な理由があるときは、魚河岸の者は、隣町の者に対して、鮭の代金の支払を請求することができます。

## 4 使者

代理と類似する制度として、**使者**があります。使者とは、本人が決定した意思を伝達または表示する者です。使者は、本人の意思表示を補助するという点で代理人と共通しますが、代理人とは異なり、**意思決定の自由を有しません**。使者は本人の意思をただ伝えるだけです。

『百川』の百兵衛は、魚河岸の若い衆たちが決定した、常磐津の歌女文字師匠に来てもらい演奏してもらいたいという意思を表示する使者になっています。

意思表示の瑕疵の有無は、代理の場合は代理人について判断しますが（31頁の２（４））、使者の場合は**本人**について判断します。使者が誤って本人の意思と異なる意思表示をした場合、本人の意思と（使者による）表示が異なるため錯誤になります。

『百川』の場合、魚河岸の若い衆たちは、常磐津の歌女文字師匠に来てもらいたいという意思を持っていますが、使者である百兵衛は医師の鴨池先生を呼んでいます（表示）ので、錯誤になります。

## 5 おわりに

代理の場面は、落語の噺にも数多く出てきます。『茶金』（第１話→16頁参照）の番頭は茶金から代理権を付与されているといえますし、『掛取万歳』（第４話

→35頁参照）にも出てくる夫婦は互いに日常家事に関する法律行為について代理権を有しています。

## まとめ

- 代理により効果を本人に帰属させるためには、①代理行為、②顕名、③代理権の３つが要件になる。
- 無権代理の場合、原則として代理行為の効果は本人に帰属しない。
- 無権代理行為を行い、本人の追認が得られない場合、相手方は、無権代理人に対して履行または損害賠償の請求ができる。
- 相手方は、本人の表見代理責任が認められる場合、本人に対して、無権代理人がした法律行為の履行請求ができる。
- 使者は意思決定の自由を有しない。

## 参考文献


- 佐久間毅『民法の基礎１ 総則〔第４版〕』（有斐閣、平成30年）233～314頁

# 第4話 債権者、襲来

## 『掛取万歳（かけとりまんざい）』

（麻生芳伸 編『落語百選 冬』（筑摩書房、平成11年）232～250頁 参照）

八五郎は、ある年の大晦日、掛取り＊1にくる債権者をどのように追い返すかを思案する。前年と同じく死んだふりをして乗り切ろうと考えたが、女房が嫌がったため、債権者の好きなもので言い訳をして追い払うことにする。

家賃の回収にきた家主は狂歌（きょうか）＊2が好きなので、狂歌で追い返す。

芝居好きの酒屋は、芝居で追い返す。

喧嘩好きの魚屋が支払うまでは動かないというので、八五郎は気の済むまで１年でも２年でも座っていろといい返す。魚屋が他にも掛取りに行かなければならないので帰ろうとすると、１銭も支払っていないにもかかわらず八五郎は領収書を置いていけという。さらに八五郎がお釣りを出しなといったため、魚屋は怒って帰ってしまう。

最後に、万歳＊3好きの三河屋の旦那がやって来た。旦那が「いつ払えるだァ」というと、八五郎は「100万年も過ぎてのち、払います」。

**言葉の意味**

＊１　**掛取り**……売掛金の回収。
＊２　**狂歌**……滑稽味を帯びた短歌。
＊３　**万歳**……千秋万歳の略称。大道芸の一種。

## ① まくら

債権が時効によって消滅することは多くの方に知られていますが、消滅時効の細かいルールについてはあまり知られていません。また、令和２年４月に施行された改正民法により消滅時効期間などが大きく変更されました。

この第４話では、消滅時効を『掛取万歳』を例にして解説します。

## 2 消滅時効

### (1) 消滅時効とは？

**消滅時効**とは、権利が行使されない状態が継続した場合にその権利の消滅を認める制度です。消滅時効が存在する理由として、期間の経過により過去の事実の立証が困難になることから債務者を保護する、権利を長期間行使しない債権者は保護に値しないなどが挙げられます。

なお、時効には、**取得時効**という制度もあります。こちらは、物などを一定の期間支配した者が権利を取得することを認めるものです。

### (2) 消滅時効の対象になる権利

消滅時効の対象になる権利は**債権**などです。勘違いされやすい点ですが、**所有権は消滅時効の対象にはなりません**。もっとも、他人が取得時効により物の所有権を取得すると、その反射的効果として、元の所有者は所有権を喪失します。

### (3) 債権の消滅時効期間

債権はどれくらいの期間が経過すると、時効により消滅するのでしょうか。債権の消滅時効期間は、令和２年４月に施行された改正民法により単純化及び統一されました（改正前はコラム５→40頁参照）。

原則として、（権利を行使することができ、かつ）債権者が権利を行使できることを知った時（主観的起算点）から**５年間**、または権利を行使することができる時（客観的起算点）から**10年間**行使しない場合は、債権は時効によって消滅します（166条１項）。すなわち、行使できることを知れば５年間で消滅し、行使できることを知らなくても行使できる時から10年間で消滅します。

『掛取万歳』の場合、支払期限が到来すれば行使できることを知ることになるでしょうから、家主、酒屋、魚屋及び三河屋の各債権は、支払期限から５年間行使しないと消滅します。

なお、不法行為による損害賠償請求権（724条、第14話→106頁参照）や生命・身体の侵害による損害賠償請求権（167条、724条の２）などの時効期間については、次頁の表のとおり例外が設けられています。

不法行為による損害賠償請求権の場合に主観的起算点からの時効期間が原則よりも短い３年間となっているのは、不法行為は通常、未知の当事者間において偶発的な事故に基づいて発生するものであり、不安定な立場に置かれる加害者を保護するためです。また、生命・身体の侵害による損害賠償請求権の時効期間が長期なのは、生命及び身体という法益は重要性が高いからです。

**166条（債権等の消滅時効）**
1項　債権は、次に掲げる場合には、時効によって消滅する。
　1号　債権者が権利を行使することができることを知った時から５年間行使しないとき。
　2号　権利を行使することができる時から10年間行使しないとき。

**◎債権の消滅時効期間の原則と例外**

| | 原　則 | 不法行為による損害賠償請求権 | 人の生命・身体の侵害による損害賠償請求権 |
|---|---|---|---|
| 主観的起算点 | 債権者が権利行使できることを知った時から５年間 | 被害者らが損害及び加害者を知った時から３年間 | 左記各起算点から５年間 |
| 客観的起算点 | 権利行使できる時から10年間 | 不法行為時から20年間 | 左記各起算点から20年間 |

## 3 時効障害など

### （1）時効障害

ア　完成猶予・更新とは？

消滅時効期間中に一定の行為があった場合、権利行使の意思が明らかになったといえるので、完成が猶予されることを**時効の完成猶予**といいます。また、権利の存在について確証が得られたといえるので、それまで進行していた期間がリセットされ、新たにゼロから起算されることを**時効の更新**といいます。

イ　裁判上の請求

裁判所に訴えを提起すると、裁判が終了するまで時効の完成が猶予されます（147条１項１号）。そして、確定判決などによって権利が確定したときは時効が更新され、裁判確定時から新たに時効が進行します（147条２項）。

ウ　催告

訴えを提起するのではなく、口頭や書面で弁済してほしいと単に請求することを**催告**（さいこく）といいます。催告をしても、**催告時から６ヵ月間、時効の完成が猶予されるだけ**です（150条１項）。その期間内に裁判上の請求などを行わなければ、時効は完成します。催告は、訴訟提起などをするまでのつなぎの役割を果たすだけです。

『掛取万歳』の場合、家主、酒屋、魚屋及び三河屋は八五郎家を訪れ、弁済を求めて催告を行っていますが、催告時から６ヵ月間、時効の完成が猶予される効果しかありません。

エ　承認

債務者が債務の存在を認めることを**承認**といい、承認があったときは時効が更新されます（152条１項）。一部を弁済したり、支払の猶予を求めたりすることは承認に該当します。

『掛取万歳』の八五郎は、三河屋の旦那に「100万年も過ぎてのち、払います」と支払猶予を求めており、承認に該当します。八五郎の承認時から新たに時効が進行します。

**（2）援用**

消滅時効期間が経過すると、債権が時効によって当然に消滅するわけではありません。当事者が**援用**（消滅という利益を受ける旨の意思表示）しなければ、裁判所は時効を認めることができません（145条）。それゆえ、債務者が消滅時効期間の経過に気づかずに援用しなかったため、訴訟で支払を命じられることもありえます。

債権者に支払を猶予してほしいなどと伝えた後に、既（すで）に消滅時効期間が経過していると気づいた場合、債務者は消滅時効を援用できるのでしょうか。

民法に規定はありませんが、判例では、債務者が消滅時効完成の事実を知らなかった場合であっても、時効完成後に債務を承認する行為があったときは、債権者が時効を援用されないとの期待を抱くから、信義則上、その債務について時効を援用することは許されないとしています。したがって、**債権者から請求された場合に安易に債務の存在を認めてしまうと、時効を援用することができなくなります**。

## 4 日常家事債務の連帯責任

### (1) 夫婦の連帯責任

『掛取万歳』の女房が債権者に対して自分は関係ないので夫の八五郎に請求してほしいと主張した場合、認められるのでしょうか。

夫婦は、互いに日常家事に関する法律行為について法定代理権（第3話→30頁参照）を有しており、この代理権の効果として**日常家事債務**について**連帯責任**を負います（761条）。つまり、妻（夫）が自分名義で契約しても、夫（妻）名義で契約しても夫婦は連帯責任になります。

> **761条（日常の家事に関する債務の連帯責任）**
> 夫婦の一方が日常の家事に関して第三者と法律行為をしたときは、他の一方は、これによって生じた債務について、連帯してその責任を負う。ただし、（略）。

### (2) 日常の家事

「**日常の家事**」とは、個々の夫婦が共同生活を営むうえにおいて通常必要な事務をいいます。具体的には、衣食住、医療・教育・娯楽に関する契約などです。

判例では、「日常の家事」に該当するかの判断基準として、「個々の夫婦の社会的地位、職業、資産、収入等によって異なり、また、その夫婦の共同生活の存する地域社会の慣習によっても異なるというべきであるが、他方、（略）夫婦の一方と取引関係に立つ第三者の保護を目的とする規定であることに鑑み、単にその法律行為をした夫婦の共同生活の内部的な事情やその行為の個別的な目的のみを重視して判断すべきではなく、さらに客観的に、その法律行為の種類、性質等をも充分に考慮して判断すべき」としています。

『掛取万歳』の場合、家主、酒屋及び魚屋の各債権は食住に関するものであり、八五郎夫婦にとっても客観的にも日常家事に関して発生したものといえるので、女房も連帯責任により支払義務を負います。したがって、女房が「自分は関係ない」と主張しても認められません。

なお、近時の裁判例では、NHKの放送受信契約に基づく受信料は、（平成15

年当時、）テレビを視聴することは日常生活に必要な情報を入手する手段または相当な範囲内の娯楽であるなどとして日常家事債務に該当するとしています。実際に、その家庭がNHKの番組をどれくらい視聴していたかどうかは、日常家事債務の該当性には影響しないと判断しています。

## 5 おわりに

気づいて援用しなければ時効によって消滅しない、時効完成後に気づかずに債務の存在を認めてしまうと援用できなくなるなど、知っているか、気づくかによって訴訟の勝敗に大きく影響するのが消滅時効です。

### コラム5 債権の消滅時効期間（民法改正前）

令和２年４月１日前に生じた債権などの消滅時効期間に関しては、改正前の民法の規定が適用されるので、しばらくは改正前の知識も必要になります。

改正前の、債権の主な消滅時効期間は下記のとおりです。『掛取万歳』の場合、酒屋のツケ（飲食料債権）は１年間、魚屋の売掛代金債権は２年間、家主の家賃（定期給付債権）は５年間となります。

**原則**：権利を行使することができる時から10年間

**例外**：権利を行使することができる時から下記の期間

| | |
|---|---|
| ①飲食店の飲食料債権 | １年間 |
| ②売掛代金債権 | ２年間 |
| ③定期給付債権 | ５年間 |

### コラム6 賃金請求権の消滅時効期間

未払賃金（残業代含む）を請求しようとする場合、消滅時効期間は２年間とされていましたが、民法改正に伴い、令和２年４月以降に支払日が到来する賃金請求権については**５年間**（ただし、当分の間は**３年間**）に延長されました（労働基準法）。

## コラム7　刑事事件の公訴時効

刑事訴訟法に**公訴時効**という制度があります。犯罪が行われたとしても一定期間が経過すると起訴することが許されなくなるものです。

公訴時効が設けられている理由は、時の経過により①証拠が散逸し、真実を発見することが困難になっていくことや、②犯罪の社会的影響が弱まり、刑罰の必要性が減少していくことが挙げられます。時効期間は窃盗罪の場合７年、暴行罪の場合３年などとなっています。

なお、**殺人罪には公訴時効がありません**。従来は25年（さらにその前は15年）とされていましたが、一定の期間が経過したからといって犯人が無罪放免になるのは納得できないという声が遺族から高まり、平成22年に殺人罪の公訴時効は廃止されました。

### まとめ

- **債権は、原則として、債権者が権利を行使できることを知った時から5年間または権利を行使することができる時から10年間行使しないときは、時効によって消滅する。**
- **時効障害として、完成猶予と更新がある。**
- **当事者が援用しなければ、裁判所は消滅時効を認めることができない。**
- **夫婦は、互いに日常家事に関する法律行為について法定代理権を有しており、この代理権の効果として日常家事債務について連帯責任を負う。**

### 参考文献


- 佐久間毅『民法の基礎１ 総則〔第４版〕』（有斐閣、平成30年）389～443頁
- 潮見佳男『民法（債権関係）改正法の概要』（金融財政事情研究会、平成29年）36～49頁
- 二宮周平『家族法〔第５版〕』（新世社、平成31年）70～74頁

# 物　権

# 第5話　泥棒、侵入

## 『両泥（りょうどろ）』

新米（しんまい）の泥棒の島吉は、空き巣に入った後、暗闇の中を歩いていると、同じく泥棒の虎と出会う。島吉は、虎から教えてもらった古道具屋で盗んだ品を売却した後、虎と一緒におでん屋に行く。しかしながら、おでん屋の主人に泥棒であるとバレてしまうような会話を島吉が大声でするため、島吉の家に移動する。

島吉の家に着くと、空き巣に入られていた。虎が昼間に空き巣に入った家であった。盗んだ品の一部をまだ家に保管してあるから取りに来いと虎がいい、自宅の場所を伝えると、島吉が「あぁ、さっき俺が入った家だ」。

## 1 まくら

『両泥』において、古道具屋が調査をしたうえで島吉が所有者であると信じ、島吉からやかん（虎の家から盗んだ虎が所有するやかん）を購入した後、古道具屋でそのやかんを見つけた熊五郎が盗品だと知らずに購入し、やかんは熊五郎の自宅にあると仮定します（**仮定事例**）。

虎は熊五郎に自分のやかんを返してくれと請求できるのでしょうか。虎と熊五郎の利害をどのように調整するのかが問題になります。

## 2 物権と返還請求権

物を排他的に支配する権利を**物権**といいます。具体的には、所有権などです。所有者は、法令の制限内において、自由に所有物を使用、収益及び処分をする権限があります（206条）。

契約当事者など特定の人に対してしか主張できない債権とは異なり、**物権は誰に対しても主張することができます**。契約当事者など以外にも影響が及ぶので、物権は民法などの法律に定めるもの以外、新たに創り出すことができません（175条、物権法定主義）。

なお、民法では物権として、所有権以外に、占有権、地上権、永小作権、地役権、入会権、留置権、先取特権、質権（第７話→56頁参照）、抵当権（第８話→65頁参照）が規定されています。

第三者が物を占有（支配）し、物権を侵害する場合には、物権を有する者は、第三者に対して物の返還を請求することができます（物権的請求権のうち**返還請求権**）。

『両泥』の仮定事例の場合、虎は、やかんの所有権を有することを根拠として、占有している熊五郎に返還を請求することになります。

## ３ 即時取得

### （１）即時取得とは？

売主が動産（86条２項）の所有権を有しているかどうかの詳細な調査が必要だとすると、日常頻繁に行われる取引が困難になります。スーパーの食品や中古本屋の本を購入するときに、店が各商品の所有権を有しているかどうか、買主が調査しなければならないのであれば、日常生活に支障をきたします。

そこで、動産を占有している取引相手が権利者であると信頼して取引した場合において、取引相手が無権利者であったときに、引渡しを受けた者が動産の権利を即時に取得できる**即時取得**という制度が設けられています（192条）。取引が売買契約なのであれば、買主は所有権を取得することができ、それに伴い真の権利者は所有権を失います。

**192条（即時取得）**

取引行為によって、平穏に、かつ、公然と動産の占有を始めた者は、善意であり、かつ、過失がないときは、即時にその動産について行使する権利を取得する。

**193条（盗品又は遺失物の回復）**

前条の場合において、占有物が盗品又は遺失物であるときは、被害者又は遺失者は、盗難又は遺失の時から２年間、占有者に対してその物の回復を請求することができる。

**194条**

占有者が、盗品又は遺失物を、競売若しくは公の市場において、又はその物と同種の物を販売する商人から、善意で買い受けたときは、被害者又は遺失者は、占有者が支払った代価を弁償しなければ、その物を回復することができない。

### (2) 即時取得の要件

即時取得が認められるためには、192条に記載された要件をすべて充たす必要があります。

まず、**「動産」を「取引行為によって」取得すること**が要件です。不動産は即時取得の対象になりません。また、他人の傘を誤って自宅に持ち帰った場合は、取引行為ではなく事実行為によって取得しているので、この要件を充たしません。『両泥』の仮定事例（→44頁参照）の場合、古道具屋は島吉から売買契約によってやかんを取得しているので、この要件を充たします。

次に、**「動産の占有を始めた」こと**、すなわち**引渡しを受けたこと**が要件です。『両泥』の仮定事例の場合、古道具屋はやかんの引渡しを受けているので、この要件を充たします。

さらに、**占有の取得が「平穏」「公然」「善意」「過失がな」く（無過失）行われること**が要件です。善意とは、取引相手が動産について権利者であると誤信したことをいいます。日常生活では「他人のためと思う心」などという意味ですが、ここでは誤信したという意味です。民法の他の条文では、「知らなかった」という意味で用いられることもあります。無過失とは、その誤信に過失がなかったことをいいます。ただし、平穏、公然、善意、無過失は、即時取得を主張する者は主張立証する必要がありません。主張立証が不要となる理由は下記のとおりですが、少し細かいので読み飛ばしていただいても構いません。

平穏、公然、善意については、186条1項の推定により、即時取得を主張する者は主張立証が不要になります。また、無過失についても、188条により推定された取引相手の権利を信じたことに無過失の推定が働くため、主張立証が不要になります。188条は、占有者は占有を正当化する権利（本権）を有することが推定されるという趣旨であり、推定される本権は、186条１項により所有の意思があると推定されるので、通常は所有権です。

『両泥』の仮定事例の場合、古道具屋は即時取得の要件をすべて充たします。

> **186条（占有の態様等に関する推定）**
> １項　占有者は、所有の意思をもって、善意で、平穏に、かつ、公然と占有をするものと推定する。
> **188条（占有物について行使する権利の適法の推定）**
> 占有者が占有物について行使する権利は、適法に有するものと推定する。

### （3）即時取得の効果

即時取得の要件を充たした場合に取得することができる「動産について行使する権利」というのは、動産について取得しようとしていた権利のことです。『両泥』の仮定事例の場合、やかんの所有権です。

## 4 盗品についての特則

動産が盗品などであるときは、即時取得の例外規定があります。**被害者は盗難などの時から２年間、占有者に対して動産の返還請求をすることができます**（193条）。ただし、**売主が所有者であると誤信して公の市場などで占有者が買い受けたとき**は、被害者は、占有者に対して**代価を弁償しなければ、動産の返還を受けることができません**（194条）。自己の意思に基づかないで占有を失った真の権利者（被害者）を保護するとともに、代価の弁償を必要とすることで占有者（取引の安全）を保護しています。

占有者には、即時取得の要件を充たす者のほか、その者からの転得者も含まれます。

２年間の起算点は、即時取得の時ではなく盗難などの時です。また、この２年間は被害者が所有権を引き続き有しますが、占有者は、代価の弁償があるまでの間、使用料を支払うことなく、動産を使用収益することができます（判例）。この判例によれば、所有者は所有権に基づいて物の返還を請求できるので、193条による返還請求権を所有者に認める実益はありません。

また、194条の「公の市場」には市場だけでなく店舗も含まれ、「同種の物を販売する商人」とは店舗を有しない商人です。

『両泥』の仮定事例の場合、熊五郎は、店舗を有する古道具屋から同人が所有者であると誤信して買い受けているので、「公の市場において」「善意で買い受けた」「占有者」に該当します。したがって、虎は、盗難の時から２年間は返還請求ができますが、熊五郎のやかん購入代金を弁償しなければ、熊五郎からやかんを返してもらうことができません。虎は、代価を弁償して取り戻すか、それとも取り戻すのをあきらめるかの選択を迫られることになります。熊五郎は、やかん購入代金の弁償があるまでの間、使用料を支払うことなく、やかんを使用することができます。

なお、盗んだ島吉は、虎に対し、やかんにつき生じた損害を賠償すべき不法行為責任を負います（第14話→104頁参照）。

## 5 おわりに

即時取得や盗品についての特則は、フリーマーケットやネットオークションなどで購入した物が盗品であると判明した場合にも役立つ知識です。

## コラム8 古物商の特則

古物商（許可を受け、一度使用された物品などの売買などを営む者）は、194条が適用になる場合であっても、専門の商人として特別の注意義務が課され、また古物商間の通謀を防止するため、盗難の時から**１年以内**は**無償**で返還しなければなりません（古物営業法）。

## コラム9 盗品と刑法

### 1 譲り受けなどした者

盗品を譲り受けたり、運搬や保管をしたりすると、刑法の**盗品譲受け等罪**になります。盗品が第三者により即時取得され、返還請求権が認められる２年間が経過すると、その後は「盗品」とは扱われず、本罪は成立しません。本罪に該当するのは、盗品の認識がある場合のみです。被害者や犯人はわからないが、何らかの財産罪にあたる行為により取得されたものである認識があるときは、盗品の認識があることになります。

### 2　盗んだ者

盗むと刑法の**窃盗罪**が成立しますが、その後に窃盗犯人が運搬や保管をしても盗品譲受け等罪は成立しません。また、窃盗犯人が盗品を売却しても、盗まれた者を被害者とする刑法上の犯罪は新たに成立しません。もっとも、盗品であることを知らせずに売却した場合は、買主を被害者とする**詐欺罪**が成立します。

## まとめ

- **即時取得とは、動産を占有している取引相手が権利者であると信頼して取引した場合において、取引相手が無権利者であったときに、動産の権利を即時に取得できる制度である。**
- **即時取得の例外として、動産が盗品などであるときは、被害者は盗難などの時から２年間、占有者に対して動産の返還を請求することができる。ただし、占有者が公の市場などで善意で買い受けたときは、被害者は、占有者に代価を弁償しなければ、動産の返還を受けることができない。**

参考文献


- 佐久間毅『民法の基礎２　物権〔第２版〕』（有斐閣、平成31年）144～159頁
- 西田典之（橋爪隆 補訂）『刑法各論〔第７版〕』（弘文堂、平成30年）289～299頁

# 第6話　見知らぬ、財布

## 『芝浜』

（麻生芳伸 編『落語百選 冬』（筑摩書房、平成11年）208〜231頁 参照）

魚屋の勝五郎は、歳末の朝早くに女房に起こされ、魚河岸に行った。早すぎて問屋が開いていないため、芝の浜へ出て一服していると、波打ち際に革の財布を見つける。自宅に持ち帰って中身を確認すると48両が入っていた。明日から商売に行く必要はないといい、友人たちと一緒にさんざん飲み食いをし、酔って寝てしまう。

翌朝、勝五郎は、女房に起こされ、商売に行ってくれよといわれる。前日に48両拾ったのだから、商売に行く必要はないと述べると、48両なんて知らない、前日の朝に起こしたらまたすぐに寝てしまったじゃないかと女房からいわれる。勝五郎は、友人たちと飲み食いしたのは現実で、財布を拾ったのは夢であったと知る。勝五郎は、自分が情けなくなり、また女房から励まされ、酒を飲まないことと商売に励むことを誓う。

その後、勝五郎は、人間ががらっと変わって、商売に精を出した。表通りに店を出し、若い衆を２〜３人雇うようになった。

３年後の大晦日、勝五郎は、女房から革の財布と48両を見せられ、覚えはないかと聞かれる。女房は、勝五郎が革の財布を拾ってきた日、勝五郎が酔って寝てしまった後、家主に相談に行ったところ、１文だって手をつけてみろ、身体が満足でいやしない、すぐに役所へ届け出てやる、勝五郎には夢だと伝えてごまかしておきなといわれたから、そのとおりにしたと告白する。そして、48両は、落とし主がいないので自分の手元に戻ってきていたことも伝える。

勝五郎は、女房に両手をついて礼をいう。女房が用意してくれたため、３年ぶりに酒を飲もうとし、湯飲みを口元まで持っていき、「よそう……また夢になるといけねえ」。

## 1 まくら

道に落ちているお金を見つけた場合、幸運だと思い、そのお金を自分のものにしてよいのでしょうか。

落語には『芝浜』『三方一両損』という財布を拾う噺があります。『芝浜』は、ＪＲ東日本が実施した山手線の新駅（令和２年３月に開業した高輪ゲートウェイ駅）の駅名案の募集で「芝浜」の応募数が第３位にもなるぐらいですので、ご存知の方も多いのではないかと思います。

## 2 遺失物法と刑法

占有者の意思によらずにその所持を離れた物を**遺失物**（いしつぶつ）といいます。**遺失物法**という法律があり、拾得者は、速やかに、遺失物を**遺失者に返還**するか、**警察署長に提出**しなければなりません。もっとも、電車など施設において拾得した場合は、警察署長ではなく鉄道事業者など施設占有者に遺失物を交付しなければなりません。１週間以内に提出しないと、所有権を取得する権利などを失います。

『芝浜』では、家主がすぐに役所に届け出ています。『三方一両損』では、持ち主に財布を届けます。

遺失物を返還・提出せずに自分のものにしてしまうと、刑法の**遺失物横領罪**などに該当します。『芝浜』の勝五郎も、女房や家主がいなければ犯罪になるところでした。

## 3 所有権の取得

遺失物の提出を受けた警察署長は、遺失者を知ることができないときは、警察署の掲示場に公告をします。遺失者は所有権を根拠として返還請求をすることができますが（第５話→45頁参照）、**公告後３ヵ月以内に遺失者から届出がないときは、拾得者が遺失物の所有権を取得**し（240条）、遺失者は所有権を失います。なお、拾得者は、携帯電話など個人情報が記録された物件などの所有権は取得できません。『芝浜』では、落とし主が現れないということで、女房に財布が戻ってきています。

所有権を取得する場合、拾得者は遺失物の保管費用などを負担しなければなりません。警察署長は、保管費用などの支払がなければ、物件を引き渡さないことができます。

> **240条（遺失物の拾得）**
> 遺失物は、遺失物法（略）の定めるところに従い公告をした後３箇月以内にその所有者が判明しないときは、これを拾得した者がその所有権を取得する。

## 4 報労金

遺失者が遺失物の返還を受ける場合、遺失者と拾得者の法律関係は**事務管理**（第13話→98頁参照）なので、本来は、拾ってあげたのだから報酬を支払ってほしいという請求は認められません。

しかしながら、遺失物法の規定により、拾得者は、遺失者に対し、**報労金（遺失物の価格の５～20％）を請求することができます**。報労金の割合（５～20％）などについて合意できなければ、訴訟提起などをすることになります。ただし、遺失物が遺失者に返還された後、１ヵ月を経過すると、拾得者は報労金を請求することができなくなります。

なお、報労金を取得した拾得者（個人）には、一時所得として所得税が課されます。

## 5 おわりに

今後、キャッシュレス決済が進み、流通する紙幣や硬貨の量が減れば、落ちているお金を見つける機会も減っていくのかもしれません。しかしながら、民法240条及び遺失物法があること、並びに映画などに登場する宝物を見つけた海賊のような感覚で遺失物を自分のものにしてしまうと刑法上の犯罪に該当することをぜひ知っていただきたいです。

なお、海や川の魚など所有者のない動産については、所有の意思をもって占有することによって、（公告することなく）その所有権を取得することができます（239条１項）。

## コラム10 埋蔵物

落語に『黄金の大黒』という噺があります。家主の子と長屋の子たちが建築現場で遊んでいたときに、家主の子が黄金の大黒を土の中から掘り出して縁起が良いので、家主が長屋の住人を呼んでお祝いにご馳走をする噺です。家主の子は黄金の大黒の所有権を取得できるのでしょうか。

埋蔵物についても、遺失物法が適用され、警察署長への提出などが必要になりますので、発見者は当然に所有権を取得できるわけではありません。**埋蔵物の発見者は公告後６ヵ月（遺失物よりも長い期間）以内に所有者が判明しないときは、所有権を取得します**（241条本文）。

発見は法律行為ではないので、発見者に行為能力は要求されず、未成年者であっても所有権を取得することができます。ただし、埋蔵物が発見された土地が発見者の所有でない場合、**発見者と土地所有者が等しい割合で所有権を取得します**（241条但書）。

『黄金の大黒』の場合、黄金の大黒の所有権をすぐに取得したかのようにお祝いをしますが、公告後６ヵ月経過しなければ取得できません。また、所有者が判明せずに取得できる場合であっても、家主の子は黄金の大黒を、建築現場の土地所有者と１／２ずつ共有で取得することになります。

なお、埋蔵物が文化財に該当する場合には、文化財保護法が適用され、所有者が判明しないときは、所有権は国庫などに帰属します。

**241条（埋蔵物の発見）**

埋蔵物は、遺失物法の定めるところに従い公告をした後６箇月以内にその所有者が判明しないときは、これを発見した者がその所有権を取得する。ただし、他人の所有する物の中から発見された埋蔵物については、これを発見した者及びその他人が等しい割合でその所有権を取得する。

## コラム11　談志落語会居眠り訴訟

寄席や落語会でつい眠たくなってしまったときに思い出していただきたい裁判例を紹介します。

平成10年12月、長野県飯田市で開催され、落語立川(たてかわ)流の家元である立川談志が『芝浜』を掛けようとした落語会において、席上で居眠りをした観客が、落語会の実行委員から強引に退出させられたとして、同委員に対し、慰謝料を請求した事件がありました。居眠りに気づいた立川談志が、観客が目を覚ます様子がなかったため、「やる気なくなっちゃったよ」といいい、休憩する旨告げて高座を降りたため、落語会が中断されたなかでの出来事でした。

裁判所は、退出を求めなければ、当該演目の続行ないし再開が困難であり、かつ、退出を求めた際の主催者側の一連の言動が、具体的状況の下で社会通念上相当と認められる場合には、不法行為（第14話→104頁参照）上の違法性はなく、この限度で退出者の名誉等の何らかの法的利益が侵害されたとしても、受忍限度内にあるとし、原告（観客）の請求を棄却しました（飯田簡裁平成11年４月21日判決・判例タイムズ1004号185頁）。受忍限度は、近隣トラブル事件などでも利用される基準です（第８話→66頁参照）。

### まとめ

- **遺失物の拾得者は、速やかに、遺失者に返還するか、警察署長に提出しなければならない。遺失物を自分のものにしてしまうと、刑法上の犯罪に該当する。**
- **警察署の掲示場への公告後、３ヵ月以内に所有者が判明しないときは、拾得者は遺失物の所有権を取得する。**
- **拾得者は、遺失物の返還を受けた遺失者に対し、報労金（遺失物の価格の５～20％）を請求することができる。**

### 参考文献


- 川島武宜・川井健 編『新版 注釈民法（７）物権（２）』（有斐閣、平成19年）381～393頁

# 第7話　与太郎の戦い

「質権」を学びます



## 『大工調べ』

（麻生芳伸 編『落語百選 春』（筑摩書房、平成11年）226～253頁 参照）

棟梁（とうりょう）＊1の政五郎が大工の与太郎の自宅を訪れる。翌日から始まる番町の屋敷での施工期間１年の大仕事に与太郎を誘うためである。しかしながら、与太郎は道具箱がないという。家賃を４ヵ月間支払えず、未払額が１両２分と800文になったため、家主が道具箱を質物として持っていってしまっていた。政五郎は、持ち金の１両２分を与太郎に渡し、家主のところへ行かせる。

与太郎は、家主に対し、道具箱をよこせとぞんざいな口の利き方をする。そして、１両２分を放り投げ、800文足りないがあたりめえだべらぼうめなどという。家主は激怒して与太郎を追い返す。

その後すぐに、政五郎は与太郎とともに家主の家へ行く。しかし、政五郎がたかが800文であり、すぐに放り込ませる、因業（いんごう）＊2であるなどといったため、家主は、残り800文を支払わなければ道具箱は返さないといい張る。強情な家主に頭にきた政五郎は啖呵（たんか）を切る。

政五郎が南町奉行の大岡越前守（かみ）宛ての願書を書き、与太郎が訴え出る。白州で奉行から、１両２分を持っていったときに家主に悪口をいったかと聞かれ、与太郎は認める。結果として、与太郎はすみやかに家主に800文を支払えと命じられる。政五郎から悪口をいったことをなぜ認めたんだと聞かれ、与太郎は「だってお奉行さまの前だもの、ものは正直にいわねえと悪かろうとおもったんだ」と答える。

しかし、与太郎が800文を支払った後、奉行は家主に対し、与太郎に３両２分を支払えと命じる。質屋の株を持っていないのに質物を預かるとは不届き者だ、道具箱を取り上げていた20日間分の手間賃を支払えというのが理由であった。

言葉の意味

＊１　**棟梁**……大工のかしら。
＊２　**因業**……人情味がない。

## １ まくら

『大工調べ』では、道具箱を質物としていますが、質権とはどのような権利なのでしょうか。また、棟梁の政五郎は番町の屋敷での仕事を引き受けますが、どのような契約なのでしょうか。

## ２ 担保物権

金銭債権者は、弁済をしない債務者から強制的に債権を回収しようとする場合は、債務者の財産に強制執行をして分配を受けることが考えられます。しかしながら、他にも債権者がいる場合、強制執行を裁判所に自ら申し立てたか、債権の発生時期が他の者より早いかなどにかかわらず、**債権者は債権額に応じて平等に扱われます**。それゆえ、債務者が債務超過のときには債権全額を回収することができません。

それに対し、**債務者などの所有する財産を担保にとっておくと、債権者はその担保財産からは他の債権者に優先して債権を回収することができます**。このような債権を担保するための権利を**担保物権**といい、民法には、留置権、先取特権、質権及び抵当権（第８話→65頁参照）が定められています。

## ３ 質権

### （１）質権とは？

**質権**とは、担保として債務者などから受け取った物（質物）を占有（支配）し、その質物について他の債権者に優先して債権を回収することができる権利です（342条）。**質物の占有**が質権設定者（質物の所有者）から質権者へと**移転**するのが特徴です。

『大工調べ』の場合、家主（質権者）と与太郎（質権設定者）との間で、賃料債権（または準消費貸借（たいしゃく）契約上の債権）の担保として道具箱について質権設定契約が締結されます。質権設定契約はあくまでも契約であり、与太郎の承諾も必要になるので、家主が与太郎の承諾なく勝手に道具箱を持ち帰ったのであれば、質権は設定されず、家主には刑法の窃盗罪などが成立します。

**342条（質権の内容）**
質権者は、その債権の担保として債務者又は第三者から受け取った物を占有し、かつ、その物について他の債権者に先立って自己の債権の弁済を受ける権利を有する。

### （2）質権の目的物

質権の目的物となるのは、動産、不動産及び債権などです。もっとも、動産質権は利用が減っていますし（コラム12→60頁参照）、不動産質権は登記件数をみると抵当権よりも圧倒的に少ないです。

『大工調べ』の場合、道具箱という動産を質権の目的物とする動産質権です。

### （3）動産質権の留置的効力

質権者は、債権全額の弁済を受けるまで**質物の全部を留め置くことができます**（347条本文、350条により準用される296条）。もっとも、動産質権の場合、質権者は質権設定者の承諾なく目的物を使用収益することはできません（350条により準用される298条２項）。

『大工調べ』の場合、与太郎が未払賃料のうち１両２分は支払ったのだから、道具箱に入っている道具の一部を返してくれと家主に請求しても認められません。もっとも、家主が道具箱（の道具）を無断で使用することはできません。

### （4）動産質権の優先弁済権の実現

質権の優先弁済権を実現する手続として、**競売**による換価（かんか）などがあります。競売手続は、質物を売却し、売却代金（換価金）から配当を受け、債権回収する方法です。

なお、担保権の実行として競売が行われても、個人である債務者（担保物の所有者）が資力を喪失して債務を弁済することが著しく困難である場合には、競売（譲渡）による所得が非課税になり、所得税は課されません。

債務者が債務不履行となったときに、質権者が質物の所有権を取得する**流質契約**（りゅうしち）は**原則として認められません**（349条）。債務額よりも高額の質物の提供を求められ、応じざるを得ない立場に立たされる債務者（質権設定者）を保護するためです。なお、質屋は行政機関により監督されているため、流質契約の締結（質流れ）が認められています（質屋営業法）。

## 4 請負契約

### （1）請負契約とは？

**請負契約**は、請負人が役務を提供して仕事を完成することを約束し、注文者がその仕事の結果に対して報酬を支払うことを約束する契約です（632条）。

委任契約（643条）と同じく、**役務の提供に独立性や裁量が認められる**ので、注文者の指揮監督の下で役務を提供するのではありません。

他方、請負契約は委任契約とは異なり、**仕事の結果を保証することも契約内容になっています**。したがって、仕事が完成しなかったときに、請負人は期待される努力をしたことを理由として責任を免れることはできません。これに対して、委任契約の場合は、期待される努力をすればよく、結果の保証は義務になりません。例えば、医師による患者の診療・治療は、病気が治るように期待される治療をすればよく、治癒させることは義務になりません。

『大工調べ』の場合、棟梁の政五郎が仕事を完成することを約束し、番町の屋敷の施主（せしゅ）がその仕事の結果に対して報酬を支払うことを約束する請負契約です。政五郎は仕事に独立性や裁量が認められ、仕事の結果を保証しなければなりません。

**◎請負契約と委任契約の共通点と相違点**

| | 請負契約 | 委任契約 |
|---|---|---|
| 役務提供の方法 | 独立性や裁量あり | 独立性や裁量あり |
| 役務提供の結果 | 結果保証あり | 結果保証なし |
| 具体例 | 建築、音楽の演奏 | 患者と医師、役員と法人 |

**632条（請負）**

請負は、当事者の一方がある仕事を完成することを約し、相手方がその仕事の結果に対してその報酬を支払うことを約することによって、その効力を生ずる。

**643条（委任）**

委任は、当事者の一方が法律行為をすることを相手方に委託し、相手方がこれを承諾することによって、その効力を生ずる。

### （2）下請負

請負人（元請人）が仕事をさらに第三者（下請負人）に請け負わせることを**下請負**といいます。下請負人と注文者との間には直接の法律関係は生じません。

下請負と区別しにくいのが雇用（623〜631条）です。下請負と雇用は、役務を提供するという点では共通していますが、雇用は使用者の指揮監督下にあり従属的で裁量がないという点で下請負と異なります。契約の実態が（下）請負なのか雇用なのかは、所得が所得税法上、事業所得と給与所得のいずれに該当するのかという点などに影響します。

『大工調べ』の場合、与太郎と棟梁の関係が（下）請負なのか雇用なのかは、与太郎の独立性や裁量の有無などによって判断します。

## 5 おわりに

落語には、『大工調べ』『三方一両損』『五貫裁き』など奉行や白州が登場する噺があり、大岡裁きがなされます。

民事事件の場合、裁判所は、当事者が申し立てていない事項について、判決をすることができないという原則があります（民事訴訟法、**処分権主義**）。原告としては、困ったからどうにかしてほしいと漠然と裁判所に申し立てるのではなく、訴状において訴訟物を特定し、裁判所の審判範囲を明らかにしなければなりません。

落語の大岡裁きは、この処分権主義に抵触するのではないかと思われる内容が多いです。『大工調べ』の場合、与太郎に800文を支払えと命じることと、家主に３両２分を支払えと命じることが、処分権主義に抵触するのではないかが問題になります。

## コラム12　質屋の盛衰

質屋（の旦那）は、『三軒長屋（さんげんながや）』（第８話→62頁参照）にも登場するなど落語の世界では頻出の登場人物です。

質屋の数は減少しています。質屋営業許可件数をみると、昭和30年代には２万件を超えることもありましたが、平成20年は3509件、平成30年は2793件になっています。減少理由としては、消費者金融やクレジットカードなどの金融サービスが発達したことや、質入れよりも売却のほうが身近になっていることが挙げられます。

## コラム13　虚偽の陳述

『大工調べ』において、与太郎は、家主に悪口をいったことを白州で認めた理由を聞かれ、「だってお奉行さまの前だもの、ものは正直にいわねえと悪かろうとおもったんだ」と答えています。裁判で虚偽の陳述をすると、どのような制裁があるのでしょうか。

民事裁判において（原告及び被告の）当事者尋問を行う場合、裁判所は尋問の前に当事者に宣誓をさせることができます（実務上はほとんどの場合に宣誓をさせています）。裁判長が宣誓の趣旨を説明し、虚偽の陳述を行うと過料になることを告げた後に、良心にしたがって真実を述べ、何事も隠さず、何事も付け加えないことを誓わせます。宣誓した当事者が虚偽の陳述をしたときは、**10万円以下の過料**になります。

民事裁判において証人尋問を行う場合、尋問の前に証人に宣誓させなければなりません。宣誓した証人が虚偽の陳述をしたときは、刑法の**偽証罪**になります。刑事裁判の宣誓した証人も尋問で虚偽の陳述をしたときは**偽証罪**になります。

虚偽とは、記憶に反することをいうので、記憶どおりに陳述すれば、客観的事実に反していても虚偽にはなりません。

◎虚偽の陳述をしたときの制裁

| | 民事裁判 | 刑事裁判 |
|---|---|---|
| 当事者 | 10万円以下の過料 | ―（被告人） |
| 証人 | 偽証罪 | 偽証罪 |



まとめ

- 質権とは、担保として債務者などから受け取った物を占有し、その質物について他の債権者に優先して債権を回収することができる権利である。
- 質権者は、債権全額の弁済を受けるまで、質物の全部を留め置くことができる。
- 請負契約は、仕事の結果を保証することも契約内容である。

参考文献


- 道垣内弘人『担保物権法〔第４版〕』（有斐閣、平成29年）83～120頁
- 潮見佳男『基本講義 債権各論Ⅰ 契約法・事務管理・不当利得〔第３版〕』（新世社、平成29年）241～256頁
- 警察庁生活安全局生活安全企画課「令和元年中における古物営業・質屋営業の概況」

# 第8話 長屋、心、重ねて

## 『三軒長屋』

（古今亭志ん朝『志ん朝の落語６』（筑摩書房、平成16年）248～296頁 参照）

三軒長屋の路地口に鳶（とび）[*1]の頭（かしら）である政五郎の家があり、間に質屋の伊勢屋勘右衛門の妾（めかけ）の家があり、一番奥に楠運平橘正友（くすのきうんぺいたちばなのまさとも）の剣術の道場がある。

政五郎の家には、威勢のよい鳶の若者がのべつ出入りし、２階で木遣り（きやり）[*2]の稽古をしたり、喧嘩をするなど騒々しかった。喧嘩の際に、出刃包丁が壁に突き刺さり、隣りの伊勢屋の妾の家に先端が飛び出てくることもあった。

楠の道場も、夜遅くまで稽古するなど騒々しかった。震動がひどく伊勢屋の妾の家が大きく揺れ、棚から徳利（とっくり）が落ちたりした。

間に挟まれた伊勢屋の妾の家は女中が一人いるだけであり、静かであった。両隣りが騒々しいので引っ越したいと妾がいうと、伊勢屋は、この三軒の長屋は自分の抵当に入っていて、もう何日か経つと抵当流れで自分のものになる、そうしたら政五郎と楠を退去させると伝える。

女中が政五郎らの退去の件を井戸端で話したので、政五郎の女房に知られてしまう。女房が退去させられることを伝えると、政五郎は、入居する前に入り用の節には速やかに明け渡すと約束したから仕方がないではないかという。しかしながら、今の持ち主ではなく伊勢屋から退去させられると教えられ、政五郎は楠と相談をする。

翌朝、楠は伊勢屋の妾の家に行く。そして、引っ越したいがお金がないので千本試合をする、真剣で勝負することもあり、迷惑をかけるかもしれないので戸締りをしっかりしておいてほしいと伊勢屋に伝える。伊勢屋は驚き、楠に50両を与える代わりに、千本試合を中止してもらう。伊勢屋は、妾に対し、こちらから退去してくれといえば、楠が要望する立退料を支払わないといけなかったのであるから安く済んだと述べる。

楠が帰った後、今度は政五郎が来訪する。引っ越したいがお金がないので花会を行うが、刃物を使った喧嘩が始まり、迷惑をかけるかもしれないので戸締りをしっかりしておいてほしいと伝える。伊勢屋は、政五郎の魂胆を見破り、いくら欲しいのかと聞き、50両を与える。どこに引っ越すのかと尋ねると、政五郎は、「あっしが楠先生ンとこ引っ越してってね、先生があっしンところイ引っ越してくんですよォ」。

言葉の意味

＊1　鳶……建物の骨組の組立てなどをする職人（火消を兼務）。
＊2　木遣り……火消の作業唄。

## 1 まくら

『三軒長屋』の政五郎は、賃貸人が建物の使用が必要になったら速やかに建物を明け渡すと入居前に約束していますが、そのことを理由として退去しなければならないのでしょうか。

また、売買などにより建物所有者が変更になった場合、入居者である政五郎らは建物賃借権を主張することができるのでしょうか。

さらには、伊勢屋が三軒の長屋が自分の抵当に入っていると述べていますが、抵当権にはどのような効力があるのでしょうか。

最後に、伊勢屋の妾が両隣りの騒音に悩まされていますが、政五郎らに対してどのような請求ができるのでしょうか。

## 2 不動産賃借権

### （1）売買は賃貸借を破る

不動産の**賃貸借契約**（ちんたいしゃく）（601条）を締結すると、賃借人には不動産賃借権が生じます。賃借権は物権（第5話→44頁参照）ではなく債権なので、契約相手である賃貸人に対してのみ債権の内容の履行を請求できます。それゆえ、賃貸人（所有者）が不動産を譲渡した場合、**賃借人は、原則として新所有者に対しては賃借権を主張することができません**。新所有者が所有権に基づき明渡（返還）請求をした場合には、賃借人は不動産を明け渡さなければなりません。

### （2）不動産賃借権の登記

上記（1）の例外として、不動産の賃借権を法務局で登記すれば、賃借人は新所有者に対しても賃借権を主張することができます（605条）。しかしながら、賃借人には登記請求権がなく、賃貸人の協力も得られないため、不動産賃借権の登記はあまり利用されていません。

### （3）借地借家法

#### ア　借地借家法の趣旨

民法には賃貸借の規定（601〜622条）がありますが、特別法として**借地借家法**（しゃくちしゃっかほう）があるので、不動産賃貸借については借地借家法が優先的に適用されます。借地借家法は原則としてすべての建物の賃貸借に適用され、建物の用途は問いません。『三軒長屋』の政五郎や楠のように事業用兼居住用として建物を利用していても借地借家法が適用されます。

本来は、契約内容をどのようなものにするかは契約当事者の自由ですが（521条２項)、弱い立場にある賃借人の居住利益を保護するための規定が借地借家法には設けられています。その**規定に反する特約で賃借人に不利なものは無効です**。

『三軒長屋』において、政五郎は、賃貸人が建物の使用が必要となったら速やかに明け渡すと入居前に約束しています。しかしながら、そのような特約は、賃貸人は正当事由がなければ解約などができないという規定に反しており、賃借人に不利なので無効です。政五郎は、賃貸人に正当事由がなければ、明渡義務はありません。

#### イ　建物の引渡し

債権であり、物権に比べると効力が弱い不動産賃借権は、借地借家法により物権化（強化）されており、前頁の（１）（２）の例外規定があります。**建物の引渡しを受けていれば、引渡し後の新所有者**（次頁の３（２）の競売による買受人で一定の者は除く）**に対して建物賃借権を主張することができます**（借地借家法31条）。

そして、借地借家法などにより賃借権を主張できる場合において、不動産が譲渡されたときは、原則として賃貸人の地位は譲受人に移転します（605条の２第１項)。

『三軒長屋』の場合、政五郎も楠も建物の引渡しを受けて入居しているので、引渡し後の新所有者に建物賃借権を主張することができます。新所有者が賃貸人になります。

> **借地借家法31条（建物賃貸借の対抗力）**
> 建物の賃貸借は、その登記がなくても、建物の引渡しがあったときは、その後その建物について物権を取得した者に対し、その効力を生ずる。



## 3 抵当権

### （1）抵当権とは？

**抵当権**は、債務者などの不動産を**占有移転せずに**担保とし、債権の弁済が受けられない場合には他の債権者に優先してその不動産から弁済を受けることができる権利です（369条1項）。

『三軒長屋』の場合、伊勢屋は三軒の長屋が自分の抵当に入っていると述べています。債務者が弁済しない場合には、伊勢屋は他の債権者に優先して三軒長屋から弁済を受けることができます。三軒のうち真ん中の建物は、伊勢屋の妾が利用していますが、抵当権は非占有担保物権なので、抵当権設定者（所有者）は、設定後も建物を利用することができます。なお、債務者及び抵当権設定者が誰なのかは明らかにされていません。

> **369条（抵当権の内容）**
> 1項　抵当権者は、債務者又は第三者が占有を移転しないで債務の担保に供した不動産について、他の債権者に先立って自己の債権の弁済を受ける権利を有する。

### （2）優先弁済権を実現する競売手続

抵当権の優先弁済権を実現する手続として、抵当不動産を競売する手続と抵当不動産から収益をあげる手続（担保不動産収益執行手続）があります。

**競売手続**は、抵当不動産を売却し、売却代金（換価金）から配当を受けて債権回収する方法です。売却されると、不動産上の抵当権は消滅し、消滅する抵当権に対抗できない賃借権も消滅します。そのため、**建物に抵当権設定登記がなされた後に賃借して入居した場合、賃借人は、競売により（抵当権に対抗できない）賃借権が消滅するので、買受人（新所有者）から明渡請求をされたら退去しなければなりません**。ただし、次頁の（3）の明渡猶予があります。

『三軒長屋』において抵当権に基づく競売手続が行われた場合、伊勢屋が抵当権設定登記を行った時期と政五郎らの入居時期の前後によって、建物の買受人に賃借権を主張できるのかが決まります。

伊勢屋が建物に抵当権設定登記を行った後に政五郎らが入居した場合、買受人は、政五郎らを退去させることができます。政五郎らに対する立退料（第11話のコラム17→88頁参照）の支払は不要です。

他方、抵当権設定登記を行う前に、政五郎らが入居していた場合、政五郎らの賃借権は抵当権に対抗できるので、競売により消滅せずに買受人に対しても主張することができます。

なお、伊勢屋は「抵当流れで自分のものになる」と述べています。金銭債務の不履行があるときに時間と費用がかかる競売手続を経ずに抵当権者が抵当不動産の所有権を取得する合意（**抵当直流**（ていとうじきながれ））も代物弁済などとして**有効**とされています。抵当直流を登記することはできないため、代物弁済の予約の仮登記などが行われます。この場合、「仮登記担保契約に関する法律」が適用され、抵当不動産の価額が被担保債権額を超える場合には、抵当権者は清算金の支払義務を負います。

### （3）明渡猶予と敷金返還

抵当権設定登記後に入居した建物賃借人であっても、競売手続の開始前から使用収益していた場合は、**建物買受人が競売により買い受けた時から６ヵ月間は明渡しを猶予**されます（395条１項１号）。

競売による買受人は、建物所有者から賃貸人の地位を引き継ぐわけではないので、敷金の返還義務を負いません。賃借人は、賃貸人であった前建物所有者に敷金の返還請求（622条の２第１項）をすることはできますが、競売手続がなされるような資力なので回収は困難です。

## ④ 生活騒音

### （1）慰謝料請求

**受忍限度を超える生活騒音**に対しては、不法行為による損害賠償請求権（709条）に基づき、**慰謝料**を請求することができます（第14話→105頁参照）。

騒音により受けた被害が受忍限度を超えるものであったか否かは、加害者側と被害者側の各事情を総合して判断されます。具体的には、①侵害行為の態様とその程度、②被侵害利益の性質とその内容、③侵害行為の開始後にとられた被害の防止に関する措置の有無及びその内容、効果などを総合して判断されます。

『三軒長屋』の場合、伊勢屋の妾は、両隣りが騒々しくて悩まされます。受忍限度を超えるものであったかは、政五郎らの騒音が参考となる規制値を超えるのか、深夜に及ぶのか、騒音の頻度はどの程度なのか（上記①）、妾にどのような健康被害や精神的苦痛が生じていたのか（上記②）、政五郎らとの間で協議がなされ、騒音発生の防止のためにとられた措置の有無など（上記③）により判断されます。

政五郎と楠の騒音を発生させる行為は、両名が共謀して行っているわけではありませんが、場所的・時間的に近接性があり、客観的に一体のものとして関連しあっているため、**共同不法行為**（719条１項）になります（第16話→120頁参照）。したがって、妾は、両名のそれぞれの行為ではなく、両名の共同行為と妾の損害との間の因果関係さえ主張立証すればよいことになります。

慰謝料請求が認められる場合、政五郎と楠は、共同不法行為なので各自が全額の賠償責任を負います（**連帯責任**）。認容される慰謝料額は、生活騒音の場合は30万円程度とされることもあり、多くの方が想定されるよりも低額です。仮に30万円なのであれば、妾は、政五郎に対しても、楠に対しても30万円全額を請求できますが、二人あわせて総額30万円を超えて支払を受けることはできません。

**719条（共同不法行為者の責任）**

１項　数人が共同の不法行為によって他人に損害を加えたときは、各自が連帯してその損害を賠償する責任を負う。共同行為者のうちいずれの者がその損害を加えたかを知ることができないときも、同様とする。

### （2）差止請求

被害者は、慰謝料だけでなく、生活騒音行為を今後は止めてほしいと請求することもできます。請求根拠は、人間が本来有する状態で生命・健康を維持しうる権利（人格権）の侵害を理由とする**差止請求権**です。慰謝料請求と同様に、受任限度を超えたかが基準になりますが、差止めは加害者の行動を事前かつ直接的に制約するものなので、慰謝料請求よりも厳格・慎重に判断されます。

## 5 おわりに

国土交通省の「平成30年度マンション総合調査結果」によると、居住者間の行為・マナーをめぐるトラブルとして、「生活音」が 38.0％ と最も多く、次いで「違法駐車・違法駐輪」が 28.1％、「ペット飼育」が 18.1％となっており、生活音に関するトラブルが多いです。

新型コロナウイルスの感染防止のため自宅にいる時間が長くなっているため、生活騒音トラブルが増加しているといわれています。また、今後、異文化や異なる生活習慣を有する人が増えれば、トラブルが増加する可能性があります。

## コラム14　抵当権と質権

抵当権と質権（第７話→56頁参照）の共通点は、債権関係から当然に発生するのではなく、**当事者の合意により設定**される担保物権であることです。

一方、両者の大きな相違点は、**担保物の占有移転の有無**です。抵当権の場合、占有移転がないため、抵当権設定者は引き続き担保物を利用することができます。占有移転がないため外観上は設定の有無がわかりませんが、抵当権には登記制度があり、抵当権設定の有無及び内容は不動産登記簿謄本を確認することにより知ることができます。

質権の場合、質権者に質物（担保物）の占有が移転します。そのため、質物を利用できなくなり早く取り返したい設定者に弁済を促す効果はありますが、『大工調べ』（第７話→55頁参照）の与太郎のように労働手段である道具を質物にしてしまうと支障が出るため、質物にふさわしい財産が限られるという欠点があります。

◎抵当権と質権の共通点と相違点

| | 抵当権 | 質権 |
|---|---|---|
| 発生原因 | 約定 | 約定 |
| 担保物 | 不動産<br>（条文上は地上権及び永小作権にも設定可能） | 動産、不動産、債権など |
| 担保物の占有 | 占有移転なし | 占有移転あり |
| 優先弁済 | 抵当直流は有効 | 流質は無効 |



## コラム15 隣人騒音と傷害罪

政五郎らが伊勢屋の妾への嫌がらせとして故意に騒音を起こした場合、刑法の**傷害罪**により処罰されることがあります。

最高裁平成17年３月29日決定・裁判所Ｗｅｂは、「自宅の中で隣家に最も近い位置にある台所の隣家に面した窓の一部を開け、窓際及びその付近にラジオ及び複数の目覚まし時計を置き、約１年半の間にわたり、隣家の被害者らに向けて、精神的ストレスによる障害を生じさせるかもしれないことを認識しながら、連日朝から深夜ないし翌未明まで、上記ラジオの音声及び目覚まし時計のアラーム音を大音量で鳴らし続けるなどして、同人に精神的ストレスを与え、よって、同人に全治不詳の慢性頭痛症、睡眠障害、耳鳴り症の傷害を負わせた」ことは傷害罪に該当するとしました。この事件での音量の最大値は、地下鉄や電車の車内の騒音に匹敵すると認定されています。なお、被告人は実刑になりました。

### まとめ

- **借地借家法の規定に反する特約で賃借人に不利なものは無効である。**
- **建物の引渡しを受けていれば、引渡し後の新所有者に対して建物賃借権を主張することができる。**
- **建物に抵当権設定登記がなされた後に賃借して入居した場合、抵当権に基づく競売による売却により建物賃借権は消滅する。**
- **受忍限度を超える生活騒音に対しては、不法行為による損害賠償請求権**

に基づき慰謝料を請求することができる。また、人格権に基づき生活騒音行為の差止めを請求することもできる。

---

参考文献


- 潮見佳男『基本講義 債権各論Ⅰ 契約法・事務管理・不当利得〔第３版〕』（新世社、平成29年）174～176頁、209～210頁
- 道垣内弘人『担保物権法〔第４版〕』（有斐閣、平成29年）176～179頁
- 潮見佳男『基本講義 債権各論Ⅱ 不法行為法〔第２版〕』（新世社、平成21年）149～171頁

# 第3章

# 債　権

# 第9話　三人目の適格者

## 『三枚起請(きしょう)』

（古今亭志ん朝『志ん朝の落語３』（筑摩書房、平成15年）86～123頁 参照）

棟梁は、唐物屋(とうぶつ)[*1]の若旦那である猪之助に、近頃夜遅くまで家に帰らずに何をしているのかと尋ねる。猪之助は、吉原に通っていて年季があけたら結婚する約束をしたと答える。棟梁が吉原の女のいうことを真に受けたらいけないというので、猪之助は起請文を見せる。「私こと来年３月年季が明け候えば、あなたさまと夫婦になること実証也」「喜瀬川こと本名中山みつ」と書いてあった。

棟梁は起請文を読むと、くしゃくしゃにして畳に叩きつける。そして、欲しかったらやるよ、俺も１枚持っているといって、懐から起請文[*2]を取り出す。棟梁と猪之助は喜瀬川に騙されていた。

２人が悔しがっていると、経師屋(きょうじ)[*3]の清造がやってくる。清造も同じ起請文を持っており、騙されていた。清造は喜瀬川に20円を渡してもいた。義理の悪い借金が20円あって年を越せない、他の客に出してもらうと清造と一緒になるときに災いになるかもしれないので何とかしてもらいたいと喜瀬川からいわれたため、清造は妹に給金を前借りさせるなどして工面した。

棟梁、猪之助、清造の３人は、喜瀬川を茶屋に呼び出し、問いただす。喜瀬川は開き直って、騙されたのが悔しいから掛け合いに来たのか、女郎は客を騙すのが商売だという。騙すのは結構だが起請文を書いて渡すような汚い手を使うな、「いやで起請を書くときは熊野で鴉(からす)が三羽死ぬ」んだと棟梁がいうと、喜瀬川は、それならば嫌な起請をどっさりと書いて世界中の鴉を殺してやりたい、「勤めの身だもの、……朝寝がしたいよ」。

**言葉の意味**

＊１　**唐物屋**……船来品の販売を業とする者。
＊２　**起請文**……偽りのないことを神仏にかけて誓った文書。
＊３　**経師屋**……表装を業とする者。

## 1 まくら

『三枚起請』の舞台は、幕末に活躍した長州藩士の高杉晋作がつくったとされる「三千世界の鴉を殺しぬしと朝寝がしてみたい」という都々逸（七・七・七・五で恋愛の情などを歌った曲）が歌われた頃の吉原です。

婚約と履行の強制について、『三枚起請』を例にして解説します。

## 2 婚約

### （1）婚約とは？

**婚約**とは、男女間での将来結婚しようという合意です。結納や婚約指輪の交換などの儀式がなくても、合意があれば成立します。なお、民法には婚約について直接規定した条文はありません。

### （2）婚約の効果

婚約が成立しても、婚姻の性質から、**婚姻の成立（婚約の履行）を強制することはできません**（75頁の3（3））。しかし、正当な理由なく婚約が破棄された場合には、破棄した相手方に対して、債務不履行（415条、第12話→92頁参照）または不法行為（709条、第14話→104頁参照）に基づき、精神的損害（慰謝料）と財産的損害（例. 結婚式のキャンセル料）の**損害賠償請求**をすることができます。

なお、婚約が成立しているからこそ法的に保護されるのであり、婚約には至らない元交際相手に対して交際破棄を理由として慰謝料の損害賠償請求をしても一般的には認められません。

### （3）結婚詐欺

当初から婚姻の意思がないにもかかわらず、金銭を引き出すことなどを目的として結婚の約束をすることは、いわゆる**結婚詐欺**です。

「意思表示は、表意者がその真意ではないことを知ってしたときであっても、そのためにその効力は妨げられない」（93条、心裡留保）という条文がありますが、当事者の真意を絶対とする身分上の行為には適用されませんので、**結婚詐欺の場合に婚約は成立しません**。

結婚詐欺の場合、被害者は、欺罔者に対し、不法行為に基づき、交付した金員や精神的苦痛に対する慰謝料などの**損害賠償請求**ができます。

『三枚起請』の場合、喜瀬川は、当初から婚姻の意思がないにもかかわらず、金銭を引き出すことを目的として起請文で結婚の約束をしており、結婚詐欺です。棟梁らは、喜瀬川に対して損害賠償請求をすることができます。清造は、慰謝料だけでなく、一緒になるときに災いになるかもしれないので工面してもらいたいといわれて渡した20円についても損害賠償請求することができます。

## 3 履行の強制

### (1) 自力救済の禁止

債権者は債務者に対して一定の行為を履行するように請求することができます（**履行請求権**）。もっとも、債務者が履行しない場合、債権者が法律によらずに自分の力で債務を履行させること（**自力救済**）は**認められていません**。例えば、借入金を返済しないからといって、貸主が借主から財布を取り上げて債権回収することは認められておらず、刑法の窃盗罪などに該当します。自力救済が禁止されているのは、腕力などが強い者が得をして、それ以外の者が泣き寝入りになることを防ぐためです。

自力救済が禁止される代わりに、債権の履行請求権を実現するための手段として、**民事執行法などの手続**があります（414条１項）。なお、債権者は、履行の強制を選択せずに、契約を解除（541～545条）したり、損害賠償請求（415条）したりすることもできます。

> **414条（履行の強制）**
>
> １項　債務者が任意に債務の履行をしないときは、債権者は、民事執行法その他強制執行の手続に関する法令の規定に従い、直接強制、代替執行、間接強制その他の方法による履行の強制を裁判所に請求することができる。ただし、債務の性質がこれを許さないときは、この限りでない。

### (2) 履行の強制の種類

ア　３種類の履行の強制

414条１項に規定されている**直接強制**とは、国の執行機関が債権の内容を強制的に実現する方法です。

**代替執行**とは、債務者以外の者に債権の内容を実現させ、費用を債務者から取り立てる方法です。

**間接強制**とは、債務が履行されるまで一定の額の金銭を債務者から債権者に支払わせる方法です。

イ　各債務の履行強制方法

**金銭債務**（例．借入金、買掛金）については、原則として直接強制のみが認められます。債務者の財産を差し押さえ、換価して、債権者に配当をします。例外として、養育費の支払い（第17話→126頁参照）などは間接強制も認められます。

**物の引渡しを目的とする債務**（例．建物明渡し）は、直接強制（第11話→86頁参照）または間接強制が認められます。

**債務者に一定の行為をさせる作為債務**（ただし、金銭の支払や物の引渡しなどを除く）で代替性があるもの（例．建物取壊し）は、代替執行または間接強制が認められます。なお、債務者に強制労働させることは憲法18条に反するため、作為債務の直接強制は認められていません。

作為債務で代替性がないもの（例．子との面会交流（第17話→126頁参照））は、間接強制のみが認められます。もっとも、間接強制さえも許されない場合があります（下記の（3））。

### （3）履行の強制ができない債権

債務の性質が許さないときは履行の強制ができません（414条１項但書）。例えば、婚約、歌唱などです。

## 4　おわりに

落語には『品川心中』『五人廻し』『お見立て』など廓噺（くるわばなし）が数多くあり、寄席などで聴く機会が多いです。廓噺ではないですが、『子別れ（第17話→124頁参照）』『鼠穴（ねずみ）（第18話→134頁参照）』にも吉原が出てきます。

私の個人的な経験になりますが、吉原の廓に花魁（おいらん）として売られた女性の日々を綴った森光子の著書『吉原花魁日記 光明に芽ぐむ日』（朝日新聞出版、平成22年）を読んで、廓噺に対する印象が大きく変わりました。花魁の置かれた立場を十分に理解せずに廓噺を聴いて笑っていたことを恥ずかしく思いました。

人気芸人が令和２年４月にラジオ番組で新型コロナウイルスの感染拡大による経済的な生活苦と風俗業で働く女性の増加について発言し、その後謝罪するという出来事がありました。同書を多くの方にぜひ読んでいただきたいです。

## コラム16　三重売買

『三枚起請』の類似事例として、喜瀬川が自己の所有する不動産と動産を棟梁、清造、猪之助の順に売却（三重売買）した場合、誰が不動産と動産の所有権を取得できるのでしょうか。最初に購入した棟梁でしょうか、それとも何か別のルールがあるのでしょうか。

物権（第５話→44頁参照）の設定及び移転（物権変動）は、**当事者の意思表示のみ**によって効力が生じます（176条）。登記や登録は不要です。

しかしながら、**物権変動を（当事者以外の）第三者に対抗（主張）するためには、物権変動が公示されなければなりません**。物権は第三者にも効力が及ぶところ、公示があることにより第三者は誰がどのような物権を有しているのかがわかります。**不動産の場合は登記（177条）、動産の場合は引渡し（178条）**が公示として必要になります（対抗要件）。公示がなければ対抗できない（公示が必要になる）第三者には、既に売却済みである（が登記や引渡しが未了である）ことを知っている者（悪意者）も含まれます。

『三枚起請』の類似事例の場合、喜瀬川と棟梁が売買契約を締結したことにより不動産と動産の所有権が棟梁に（暫定的に）移転します。しかしながら、棟梁が清造や猪之助などの第三者に所有権の取得を主張するためには、不動産の場合は登記、動産の場合は引渡しが必要になります。

登記や引渡しがまだなされていない状態の場合、喜瀬川は所有権を完全には喪失していないものと扱われ、清造や猪之助は、喜瀬川から不動産と動産の所有権を取得することができます。

結論として、棟梁、清造、猪之助のうち先に登記や引渡しを済ませた者が所有権を確定的に取得することができます。売買契約を先に締結した者がいると知っていても、登記や引渡しを先に備えれば所有権を取得することができます。

**177条（不動産に関する物権の変動の対抗要件）**

不動産に関する物権の得喪及び変更は、不動産登記法（略）その他の登記に関する法律の定めるところに従いその登記をしなければ、第三者に対抗することができない。

**178条（動産に関する物権の譲渡の対抗要件）**

動産に関する物権の譲渡は、その動産の引渡しがなければ、第三者に対抗することができない。

## まとめ

- **婚約しても、婚姻の成立を強制することはできないが、正当な理由なく婚約が破棄された場合には、破棄した相手方に対し、慰謝料などの損害賠償請求をすることができる。**
- **結婚詐欺の場合、騙した者に対し、慰謝料などの損害賠償請求をすることができる。**

## 参考文献


- 二宮周平『家族法〔第５版〕』（新世社、平成31年）147～149頁
- 潮見佳男『プラクティス民法 債権総論〔第５版〕』（信山社、平成30年）85～90頁
- 中田裕康『債権総論〔第３版〕』（岩波書店、平成25年）74～86頁
- 佐久間毅『民法の基礎２ 物権〔第２版〕』（有斐閣、平成31年）75～80頁

# 第10話 親子のかたち、兄弟のかたち

## 『福禄寿（ふくろくじゅ）』

（倉田喜弘ほか 編『円朝全集 第７巻』（岩波書店、平成26年）323〜342頁 参照）

福（子）、禄（財）、寿（命）のすべてが備わった深川の福徳屋万右衛門には、長男の禄太郎、次男の福次郎がいた。

禄太郎は、万右衛門から財産をたくさん分けてもらったが、働きもしないのに大掛かりなことに手を出して身代限り（しんだいかぎり）＊1となってしまったので、両親の面倒を福次郎に任せる。その後も、禄太郎は、福次郎からお金を借りて事業を行ったが、毎回失敗し、ついには福次郎の家に来ることができなくなった。一方、福次郎は、分けてもらった財産は少なかったが、勤勉であり、身代を大きくした。

雪が降る暮の28日、禄太郎がこっそりと母の隠居家を訪れる。そして、借金があって年を越せないので、母から福次郎に頼んで500円を借りてほしいと懇願する。しかしながら、母は、福次郎から以前に800円を借りたときも禄太郎は３ヵ月も経たないうちに使い切ってしまったといって断る。そのときは、親子の間でも極り（きま）が悪いから、母は禄太郎とともに作成した証文＊2を福次郎に渡した。

母と禄太郎が会話していると、廊下から福次郎の声が聞こえたので、禄太郎は炬燵（こたつ）の中に隠れる。福次郎は、母の部屋に入ってきて500円の包みを母に預け、お金に困る者がいたら貸してあげてほしいと伝え、忘年会に出掛ける。母は、福次郎の志を考えて一生懸命になってくれといい、禄太郎にその500円を渡す。禄太郎は、福次郎が500円とともに置いていった酒を５、６杯飲んだ後に帰る。戸外に出ると酔いが回ってきて、雪の中でよろけたりした。

忘年会帰りの福次郎が歩いていると、雪の中にさきほど母に預けた500円の包みを見つける。禄太郎が落としたものであった。

福次郎が、一升袋はいくら貯めても一升しか入らない、兄の禄太郎は自分

の分度を知らず大きなことばかりしすぎていると母と話していると、禄太郎が戻ってくる。禄太郎は、福次郎の話を聞いて猛省し、3円だけで構わないのでいただきたいという。福次郎が500円の包みを渡そうとしたが、余計に持って行くと袋が破けるから3円でよいと断る。

その後、禄太郎は、わずか3円の金を持って福島県に行き、荒地を開墾して資本をこしらえた。ついには北海道に渡り、12町の田地（でんち）持ちになった。

**言葉の意味**

＊1　**身代限り**……破産。
＊2　**証文**……証拠の文書。

## 1 まくら

『福禄寿』に、母が禄太郎とともに作成した証文を福次郎に渡し、800円を借りたという話が出てきます。福次郎はお金を貸した債権者ですが、母と禄太郎はどのような法律関係になるのでしょうか。

２人とも①債務者もしくは②連帯債務者、または１人が（主）債務者でもう１人が③保証人もしくは④連帯保証人ということが考えられます。①〜④について解説します。

## 2 物的担保と人的担保

債権を回収できるようにするため、担保をとることがあります。担保には、物的担保と人的担保があります。

**物的担保**とは、物の財産的価値によって債権を担保することをいいます。具体的には、担保物権（第７話→56頁参照）や民法には規定されていない仮登記担保（第８話→66頁参照）などです。物的担保の長所として、（担保物の価値が低下しない限り）担保としての効力が安定的です。他方、短所として、優先弁済を受けるための手続（競売など）に時間と費用がかかります。

**人的担保**とは、人の信用力によって債権を担保することをいいます。具体的には、（連帯）保証債務や連帯債務です。長所として、資力のある者が保証人などになった場合には、債権回収を簡易にできる可能性があります。他方、短所として、人の信用力に依存するため担保としての効力が不安定です。

## ③ 分割債務

債務者が複数いる場合、原則として**それぞれが等しい割合**で義務を負います(427条)。**分割主義**といいます。各債務者は分割された自己の債務だけを負担すればよく、債権者が債務者の中に無資力者がいる場合のリスクを負担するので、債権者は、債務者の数が増えるほど回収可能性が高くなるわけではありません。

『福禄寿』の場合、母と禄太郎が分割債務を負うのであれば、それぞれが半額の400円ずつを支払う義務を負います。福次郎は、禄太郎がまったく返済しない場合であっても、母には400円しか請求することができません。

実務上は、債務者が複数の場合、分割主義となることを避けるため、契約などにより連帯債務（下記の４）にすることが多いです。

## ④ 連帯債務

### (１) 連帯債務の性質

連帯債務の場合、各債務者は**全部の給付をすべき義務**を負い（436条）、**１人が給付をすればすべての債務者が債務を免れます**。債権者は、連帯債務者の数が増えるほど回収可能性が高くなります。

『福禄寿』の場合、母と禄太郎が連帯債務者なのであれば、それぞれが800円を支払う義務を負います。福次郎が弁済を受けることができるのは総額800円ですが、母と禄太郎の両者または一方に対して請求することができます。

**436条（連帯債務者に対する履行の請求）**

債務の目的がその性質上可分である場合において、法令の規定又は当事者の意思表示によって数人が連帯して債務を負担するときは、債権者は、その連帯債務者の一人に対し、又は同時に若しくは順次に全ての連帯債務者に対し、全部又は一部の履行を請求することができる。

### (２) 求償権

連帯債務者の１人が弁済をするなど自己の財産をもって免責を得たときは、その連帯債務者は、他の連帯債務者に対し、**支出額のうち各自の負担部分に応**

**じた額**を**求償請求**（償還を求める権利を行使）できます（442条１項）。一部の免責であっても請求できます。各自の負担部分がいくらであるかは、連帯債務者間の特約によって定まり、特約がなければ、連帯債務を生じさせた原因関係を考慮し、各債務者が受けた利益の割合によって決定されます。

なお、免責を得る前及び得た後に、他の連帯債務者に通知しないと、求償権が制限されることがあります（443条）。

『福禄寿』の母と禄太郎が連帯債務者であり、母が福次郎に弁済した場合、母は禄太郎に対して求償権を有します。母と禄太郎の負担部分が１／２ずつなのであれば、母は禄太郎に弁済額の半額の支払を請求することができます。

## 5 保証債務

### （1）保証債務の成立

**保証債務**とは、主たる債務（主債務）の履行を担保することを目的として、債権者と保証人との間で締結される保証契約により成立する債務です。主債務者は保証契約の当事者にはなりません。また、保証人が主債務者から保証人になることを頼まれていなくても、保証契約は成立します。

保証契約は、**書面でしなければ効力が生じません**（446条２項）。書面が必要なのは、保証契約が保証人に一方的に負担を課すものであり、保証人に保証債務を負担する意思を明確に意識させるためです。

『福禄寿』の場合、禄太郎が主債務者であり、母が保証人のときは、保証債務は、福次郎と母が保証契約を書面で締結することによって成立します。

### （2）事業のために負担した貸金等債務についての個人保証

令和２年４月に施行された改正民法により、事業のための借入金などを主債務とする保証契約は、保証人が個人である場合は、原則として**無効**です。

ただし、例外があります。まず、保証人になろうとする者が保証契約締結の日前１ヵ月以内に作成された公正証書で保証債務を履行する意思を表示している場合は**有効**です（465条の６第１項）。また、役員や支配株主などがその法人の保証人になる場合や、主債務者の事業に現に従事している主債務者の配偶者などがその主債務者の保証人になる場合も**有効**です（465条の９）。

『福禄寿』の場合において、禄太郎が事業のために借り入れ、母が保証人になるときは、母の保証は上記の例外に該当しなければ無効です。

### （3）保証債務の性質

**主債務**が弁済などによって**消滅**すると、**保証債務**も**当然に消滅**します。

また、主債務の履行がない場合に、保証人は**補充的に履行する責任**を負います（446条1項）。具体的には、保証人には、まず主債務者に請求せよという**催告の抗弁**（452条）とまず主債務者に執行せよという**検索の抗弁**（453条）が認められ、債権者が催告などを怠ったために主債務者から全部の弁済を得られなかったときは、保証人は一定の限度で責任を免れることができます（455条）。

『福禄寿』の場合、禄太郎が主債務者であり、母が保証人のときは、禄太郎が800円全額を弁済すれば、母の保証債務は消滅します。また、福次郎から請求された場合、母には催告の抗弁と検索の抗弁が認められます。

### （4）債権者の情報提供義務

債権者は、主債務者から委託されて保証人となった者から請求があったときは、主債務の履行状況などについての情報を提供しなければなりません（458条の2）。

また、債権者は、主債務者が分割弁済をしなかったなどにより期限が付されている利益を喪失したときは、個人である保証人に対して、喪失を知った時から2ヵ月以内にその旨を通知しなければなりません（458条の3）。通知しない場合は、喪失時から通知時までの間に生じた遅延損害金を保証人に請求することができません。

上記の情報提供義務の規定は、令和2年4月に施行された改正民法により新設されました。債務不履行となった主債務の遅延損害金が保証人が知らないうちに累積し、高額の請求をされることを防ぐためです。

### （5）求償権

主債務者から委託を受けた保証人は、保証債務を弁済するなど自己の財産をもって主債務を消滅させたときは、主債務者に対し、**支出額**を**求償請求**することができます（459条1項）。連帯債務者間の求償権（80頁の4（2））とは異なり、各自の負担部分は問題とならず、支出額を請求できます。もっとも、求償請求はできても、実際には回収が困難であることが多いです。

なお、委託を受けていない保証人の求償権は一定の制限を受けます（462条）。

また、保証人は、債務の消滅行為をする前及びした後に主債務者に通知しないと、求償権が制限されることがあります（463条）。

『福禄寿』の場合、禄太郎が主債務者であり、母が保証人のときは、弁済した母は、禄太郎に支出額の支払を請求できます。

## 6 連帯保証債務

**連帯保証債務**とは、債権者と保証人が保証契約を締結するだけでなく、さらに連帯の特約をすることによって成立する債務です。保証人は、主債務者と連帯して債務を負担することになります。実務でみられる保証は、ほとんどが連帯保証です。連帯保証債務の特徴として、**補充的な責任ではない**ので、催告の抗弁及び検索の抗弁が認められず（454条）、債権者は主債務者よりも先に連帯保証人に対して請求することができます。

## 7 おわりに

連帯債務者や連帯保証人になったため自己破産せざるを得なくなる方もいます。連帯債務や連帯保証債務などについて、ぜひ理解を深めてください。

### まとめ

- **債務者が複数いる場合、原則としてそれぞれが等しい割合で義務を負う。**
- **連帯債務の場合、各債務者は全部の給付をすべき義務を負い、１人が給付をすればすべての債務者が債務を免れる。**
- **連帯債務者の１人が自己の財産をもって免責を得たときは、他の連帯債務者に対し、支出額のうち各自の負担部分に応じた額を求償請求できる。**
- **主債務の履行がないときに、保証人は補充的に履行する責任を負う。ただし、連帯保証の場合は、補充的な責任ではない。**
- **主債務者から委託を受けた保証人は、自己の財産をもって主債務を消滅させたときは、主債務者に対し、支出額を求償請求できる。**

参考文献


- 潮見佳男『プラクティス民法 債権総論〔第５版〕』（信山社、平成30年）557～689頁

# 第11話 退去に至る不払、そして

## 『長屋の花見』

(麻生芳伸 編『落語百選 春』(筑摩書房、平成11年) 76～95頁 参照)

長屋の住人たちは、春のある日の朝、家主から呼び出される。家賃の催促だと思い、お互いがどのくらい滞納しているかを確認しあう。入居時に支払った後18年間滞納している者、父の代に支払ったきり滞納している者、汚い長屋だから家賃が発生しないと思っている者、家賃のことを知らず家主から貰えるものだと思っている者など誰一人として家賃を満足に支払っていない。住人たちは退去を求められることも覚悟する。

家主の家に行くと、家賃ではなく、向島に花見に行く話であった。家主は、世間から貧乏長屋といわれていて景気が悪く、貧乏神を追い払うために計画した。家主が酒と肴を用意したというので、住人たちは盛り上がるが、酒ではなく番茶を薄めたもの、かまぼこではなく月型に切った大根、玉子焼きではなく沢庵であった。

向島への道中、花見に行く格好ではなく猫の死骸を捨てに行くようであるなどと暗い話ばかりするので、家主がもっと明るい話をしろと注意する。すると、昨晩寝ていると天井がいやに明るいと思って見てみたら、きれいなお月さまだったと住人の１人が話し始める。寝たまま月が見えるのかと尋ねられ、ご飯を炊くために雨戸と天井板を剥がして燃やしてしまったので月見ができると答える。

向島に着くと、家主は、酒を飲んでいるかのように盛り上がることを住人たちに求める。「家主さん、近々長屋に縁起のいいことがありますぜ」「湯飲みのなかに、酒柱(さかばしら)が立ってます」。

## 1 まくら

『長屋の花見』の家主は、住人たちを追い出すため、賃料滞納や建物損壊を理由として**賃貸借契約**を解除できるのでしょうか。また、解除が認められた場合において、住人たちが退去しないときに、退去させるにはどのような方法をとればよいのでしょうか。なお、説明をわかりやすくするため、家主は、ただの管理者ではなく所有者であることを前提とします。

## 2 賃借人の義務

賃貸借契約（601条）を締結した場合、賃借人はいくつかの義務を負います。まず、賃料を支払わなければなりません（**賃料支払義務**）。賃料は特段の定めがなければ月末後払いですが（614条）、不動産賃貸借の場合は契約により前月末に前払いとされていることが多いです。また、賃借人は、契約などによって定められた用法に従い、賃借物を使用収益しなければなりません（616条が準用する594条１項、**用法遵守義務**）。さらには、賃借人は、善良な管理者の注意をもって賃借物を保存しなければなりません（400条、**善管注意義務**）。

なお、賃料債権は、支払期限から５年を経過すると時効によって消滅します（166条１項１号、第４話→37頁参照）。『長屋の花見』の場合、未収家賃の多くが時効によって消滅します。

> **601条（賃貸借）**
>
> 賃貸借は、当事者の一方がある物の使用及び収益を相手方にさせることを約し、相手方がこれに対してその賃料を支払うこと及び引渡しを受けた物を契約が終了したときに返還することを約することによって、その効力を生ずる。

## 3 不動産賃借人の義務違反による債務不履行解除

### （１）債務不履行解除

賃借人が義務違反をしたときは、賃貸人は**債務不履行**を理由として賃貸借契約を**解除**することができます。しかし、不動産賃貸借契約の場合は、解除されると賃借人は生活や事業の場を失うことになります。

そこで、義務違反（債務不履行）があったときでも、いまだ信頼関係を破壊するに至らなければ、賃貸人が解除権を行使することは信義則上認められません（判例、**信頼関係破壊の法理**）。信頼関係を破壊するに至らない場合は、債務不履行が軽微（541条但書）であり、解除は認められないとも考えられます（第12話→93頁参照）。なお、債務不履行がなくても、信頼関係が破壊されれば、契約の解除が認められることがあります。

解除が認められる場合、効果は契約締結時に遡る（545条１項）のではなく、将来に向かってのみ生じます（620条）。したがって、解除時までの賃料を返還する必要はありません。

### （2）信頼関係破壊の法理

どのような場合に、信頼関係が破壊したといえるのでしょうか。

賃貸人に**重大な経済的損失を与える場合**（例．賃料を３～４ヵ月分以上不払、著しく不相当な使用方法による賃借物の損傷）は、**信頼関係破壊に該当します**。

一方、賃貸人の**主観的・感情的な信頼を害するにすぎない場合**（例．挨拶の仕方が悪い）は、**信頼関係破壊に該当しません**。落語『二十四孝』では、隠居が親不孝の熊に対して建物の明渡しを請求しますが、親不孝を理由として信頼関係が破壊したとすることは困難です。

問題となるのは、**用法違反事例**（例．禁止されたペットの飼育）や**近隣迷惑事例**（第８話のコラム15→69頁参照）の場合です。信頼関係破壊に該当するかは個別具体的に判断されることになります。

『長屋の花見』の住人の場合、（長期間の）滞納は賃料債務の不履行であり、借家の雨戸と天井板を剥がして燃やしたことは善管注意義務違反です。いずれも家主に重大な経済的損失を与えているので、信頼関係の破壊に該当します。したがって、家主は賃貸借契約を解除して、明渡しを請求することができます。

## ４ 建物明渡しの強制執行

『長屋の花見』の家主が住人に建物の明渡しを請求しても、居座る可能性があります。居座る場合、家主自身が実力行使で住人を建物から引きずり出すことはできません（自力救済の禁止：第９話→74頁参照）。

このような場合、民事執行法の**直接強制**によれば、強制的に建物を明け渡させることができます。前提として、債務名義（確定した判決など）が必要です。義務違反による解除の主張をしたらすぐに直接強制ができるわけではなく、まずは建物明渡請求訴訟で勝訴判決を得るなどしなければいけません。そのうえで、民事執行手続により執行官（国家公務員）が債務者の不動産に対する占有を解いて、債権者に占有させます。

具体的には、第１段階として、１ヵ月後を引渡期限と定め、明渡しの催告をします。引渡期限などを記載した公示書を物件内の冷蔵庫などに貼り付けます。そして、第２段階として現実の執行（断行）をします。執行官は、戸が施錠されていても解錠業者に開けさせることができますし、債務者などが抵抗するときは、警察に援助を求めることができます。鍵を取り替え、新しい鍵を債権者に渡して執行完了になります。

## 5 不動産賃借権の相続

『長屋の花見』では、父の代から長屋に住む住人がいます。父が死亡した場合に、子は引き続き居住できるのでしょうか。

**賃貸借契約の場合は**、賃借人が死亡しても、**賃借権の相続が認められます**（第21話→161頁参照）。これに対し、無償で使用収益する**使用貸借契約の場合は**、賃借人の死亡によって**契約が終了します**（597条３項）。貸主は借主を信頼して無償としているので、使用借権は相続になじまないことが理由です。

『長屋の花見』の場合、賃貸借契約なので、父が亡くなっても、相続人である子は建物賃借権を相続し、引き続き居住することができます。汚い長屋だから家賃が発生しないと思っている住人がいますが、仮に使用貸借契約の場合は、賃借人の死亡によって契約が終了します。

なお、死亡した賃借人に相続人がいない場合、原則として賃貸借契約は終了しますが、同居人がいるときは、その同居人を保護する判例と借地借家法の規定があります。

## 6 おわりに

新型コロナウイルスの感染拡大による減収を理由とする賃料未払事例が生じています。どのような場合に不動産賃貸借契約の解除が認められ、解除後も居座る賃借人がいた場合にどのように直接強制が行われるかは役立つ知識です。

## コラム17　法定更新と立退料

建物賃借人は、民法の特別法である借地借家法（第８話→64頁参照）により保護されています。

**建物賃貸借の期間満了の１年前から６ヵ月前までの間に、更新をしない旨の通知をしなかったときは、契約更新とみなされます。**

また、賃貸人からする更新拒絶の通知には、賃貸人が建物の使用を必要とする事情など**正当事由**が必要です。賃借人に**立退料**を支払うことは、正当事由を**補完**する役割を果たします。

賃貸借期間が満了するので退去してほしいと家主からいわれたら、必ず退去しなければならないのではなく、家主に正当事由がなければ更新拒絶は認められません。仮に更新拒絶が認められる場合であっても、立退料を受け取ることができることが多いです。

## コラム18　サブリース

**サブリース**とは、不動産所有者と賃貸・管理業者とが賃貸借契約を締結し、さらにその業者と入居者が転貸借契約を締結する取引です。所有者と入居者が契約を直接締結するのではなく、間に業者が入るいわゆる又貸しです。平成27年の相続税法改正（基礎控除の４割減額）に伴い、相続税対策として借金してアパートを建てる人が増え、その際にサブリースが利用されました。また、不正融資が問題となったシェアハウス投資でもサブリースが利用されました。

所有者がサブリースを選択するメリットとして、賃料を保証してもらえるので収益が安定することがよく挙げられます。

しかしながら、賃料保証期間終了後に空室が多いと、賃料を引き下げられることがあります。保証期間が10年であれば、相続税法改正前後に建てられた物件の保証期間は令和５年頃に終了しますので、今後、賃料が減額される物件が多数出ることが予想されます。また、賃料保証期間中であっても、賃料が減額されることがあります。

## コラム19　刑法の建造物損壊罪と器物損壊罪

『長屋の花見』の住人は、ご飯を炊く火の薪にするために借家の雨戸と天井板を剥がしてしまいます。このことは、賃貸借契約の解除事由になるだけでなく、天井板について**建造物損壊罪**、（容易に取り外し可能な）雨戸について**器物損壊罪**が成立します。

両罪の損壊は物理的損壊に限られず、効用の滅失も含みます。公園の公衆便所の外壁にスプレーで落書きした行為を損壊にあたるとした判例があり、正体不明の路上芸術家であるバンクシーのように、他人の建造物や物にスプレーで絵を描くと損壊に該当することがあります。

法定刑は、建造物損壊罪が５年以下の懲役であるのに対し、器物損壊罪は３年以下の懲役または30万円以下の罰金などです。また、建造物損壊罪が非親告罪（被害者などの告訴がなくても起訴できる犯罪）であるのに対し、器物損壊罪は親告罪であり、被害者などの告訴がなければ起訴されません。

### まとめ

- **不動産賃貸借契約の場合、義務違反（債務不履行）があったときでも、いまだ信頼関係を破壊するに至らなければ、賃貸人が解除権を行使することは信義則上認められない。**

### 参考文献


- 中田裕康『契約法』（有斐閣、平成29年）420〜427頁

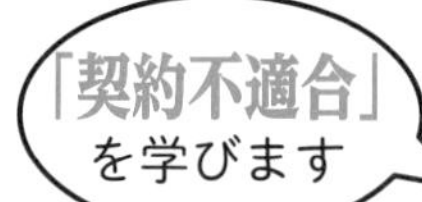


# 第12話 叩き食べ続けた闇の中で

## 『夢八（ゆめはち）』

（佐竹昭広・三田純一 編『上方落語 上巻』（筑摩書房、昭和44年）237～247頁 参照）

仕事中でも歩行中でも寝てしまい夢ばかり見ている八兵衛が、甚兵衛から仕事を頼まれる。甚兵衛が所有する貸家に一晩座っているだけで３円貰える楽な仕事である「つりの番」といわれ、八兵衛は釣りの番だと思い、喜んで引き受ける。しかしながら、実際は、検視がまだ終わっていない縊死体（いしたい）の監視、つまり首吊りの番であった。

八兵衛は何も知らず、甚兵衛が用意した握り飯を左手で持ち頬張りながら、居眠りしないように右手で掴んだ割り木で板の間を叩き続ける。甚兵衛から見てはいけないといわれた筵（むしろ）の向こう側が気になり見てみると、足が宙に浮いた人がいて、八兵衛は悲鳴をあげる。しかしながら、八兵衛は、左手で握り飯を食べ続け、右手の割り木で板の間を叩き続ける。その後、悪戯好きな猫が揺すぶったので綱が切れ、死体が落下してきて、八兵衛は目を廻してしまう。

翌朝、甚兵衛が様子を見に行くと、八兵衛は死体と一緒に寝ていた。

### 1 まくら

『夢八』の甚兵衛が、自殺が発生した貸家をその事実を秘匿して新たに貸したり売ったりした場合において、借主や買主が契約締結後に知ったとき、甚兵衛に対してどのような請求ができるのでしょうか。秘匿して売買契約を締結した場合（**仮定事例**）を例にして解説します。

### 2 契約不適合

売買契約により引き渡された目的物が種類、品質または数量に関して契約の内容に適合しないとき（**契約不適合**）は、**債務不履行**になります。品質に関する契約不適合には、**物理的瑕疵**（例．購入した建物の構造に欠陥がある、購入したマスクに汚れが付着している）だけでなく、**心理的瑕疵**（例．購入した建物内で自殺があった）も含まれます。自殺の場合、発生してから一定期間経過していても**告知義務**があるのか、発生したのは数年前であるが現所有者の前の所有者のときであれば告知義務はないのか、集合住宅の隣りの家で発生した場合にも告知義務があるのかなど、告知しないことが契約不適合につながるのかどうかの判断は容易ではありません。

『夢八』の仮定事例の場合、買主に自殺があったことを告知しなかったので、自殺の発生時期から売却時期までの経過期間によっては、心理的瑕疵として契約不適合になることがあります。

なお、令和２年４月に施行された改正民法により、瑕疵担保責任と呼ばれていたのが、契約不適合（責任）とされました。

## ③ 買主の救済

契約不適合のときは、買主は、売主に対して、追完請求権、代金減額請求権、損害賠償請求権、解除権を有します。

### （１）追完請求権及び代金減額請求権

買主は、契約不適合のときは、**目的物の修補**、**代替物の引渡し**または**不足分の引渡し**による**履行の追完**を請求することができます（562条１項本文）。どの追完方法にするかは買主に選択権があります。ただし、売主は、買主に不相当な負担を課すものでないときは、異なる方法によって追完することができます（562条１項但書）。

そして、追完の催告をしても、相当の期間内に追完がないときは、買主は**代金の減額**を請求することができます（563条１項）。履行の追完が不能などの場合は、催告なしに直ちに減額請求ができます（563条２項）。代金減額請求権には、売買契約を一部解除するのと同じ効果があり、要件は解除（93頁の（３））とほぼ同じです。代金減額請求権は、損害賠償請求権（次頁の（２））ではないので、契約不適合が売主の責めに帰することができる事由によるものであるかは問われません。

『夢八』の仮定事例が契約不適合に該当するときは、建物を自殺がない状態にするなどはできないので、履行の追完が不能であり、買主は催告せずに代金の減額請求をすることができます。

### （2）損害賠償請求権

買主は、契約不適合のときは、債務不履行による**損害賠償請求**をすることもできます。債務の履行が不能であるときなどは、債務の本旨に従った履行がされたならば買主が得ることができた利益を損害賠償（補填賠償）請求することができます（564条が準用する415条）。ただし、**契約不適合が売主の責めに帰することができない事由によるものであるときは、損害賠償請求はできません**。

損害賠償の範囲は、債務不履行と**相当因果関係のある損害**に限られ、416条に規定されています。すなわち、**債務不履行によって通常生ずべき損害**と、**売主が債務不履行時に予見すべきであった特別の事情によって生じた損害**が、損害賠償の範囲になります。

『夢八』の仮定事例の買主が過去に自殺が発生していたことを知り、精神的なショックを受け、仕事の継続が困難となり、失職した場合には、甚兵衛がその事情を予見すべきであったときに限り、失職に伴う損害が賠償の対象になります。一般的には、失職を予見すべきであったとまではいえないと考えられます。

**415条（債務不履行による損害賠償）**

1項　債務者がその債務の本旨に従った履行をしないとき又は債務の履行が不能であるときは、債権者は、これによって生じた損害の賠償を請求することができる。ただし、その債務の不履行が契約その他の債務の発生原因及び取引上の社会通念に照らして債務者の責めに帰することができない事由によるものであるときは、この限りでない。

**416条（損害賠償の範囲）**

1項　債務の不履行に対する損害賠償の請求は、これによって通常生ずべき損害の賠償をさせることをその目的とする。

2項　特別の事情によって生じた損害であっても、当事者がその事情を予見すべきであったときは、債権者は、その賠償を請求することができる。

### （3）解除権

ア　解除とは？

買主は、契約不適合（債務不履行）を理由として売買契約を**解除**することもできます（564条が準用する541条、542条）。解除は、債権者を契約の拘束力から解放するための制度であり、債務不履行が売主の責めに帰することができない事由によるものであっても解除できます。

解除するには、原則として履行の催告をし、相当期間が経過することが必要になります（541条本文）。売主に債務を履行する機会を与えるためです。債務不履行により契約目的の達成が不能であることは要件になりませんが、債務不履行が軽微であるときは解除できません（541条但書）。

もっとも、債務不履行によって契約目的の達成が不能となった一定の場合には、催告せずに直ちに解除することができます（542条）。

『夢八』の仮定事例（→90頁参照）が契約不適合に該当するときは、自殺のない建物の引渡しは履行不能なので、催告せずに直ちに解除することができます。

なお、**解除権を行使しても、損害賠償請求をすることができます**（545条4項）。解除により契約が最初からなかったことになりますが（下記のイ）、債務不履行責任は残ります。また、民法の特別法として特定商取引法があり、消費者トラブルを生じやすい取引を対象とするクーリング・オフを利用すれば、一定の期間内であれば無条件で契約を解除することができます。

**541条（催告による解除）**

当事者の一方がその債務を履行しない場合において、相手方が相当の期間を定めてその履行の催告をし、その期間内に履行がないときは、相手方は、契約の解除をすることができる。ただし、その期間を経過した時における債務の不履行がその契約及び取引上の社会通念に照らして軽微であるときは、この限りでない。

イ　解除の効果

契約を解除すると、契約は**締結時まで遡って消滅**します。それゆえ、各当事者には、相手方を**原状に復させる義務**（原状回復義務）が生じます（545条１項）。売買契約の場合、買主は目的物（と受領時から返還時までの目的物の使用利益）を返還し、売主は金銭（と受領時から返還時までの法定利息（第18話→139頁参照））を返還します（545条２項）。

『夢八』の仮定事例で解除したときは、買主は建物を返還し、甚兵衛は売買代金を返還します。

### （4）買主救済の期間制限

買主には、種類または品質に関して**契約不適合を知ったときから１年以内**に売主に対して不適合の事実を**通知する義務**があります。通知しないと、上記（１）～（３）ができなくなります。１年で失権するのは、目的物を引渡して履行が完了したという売主の期待を保護するためです。ただし、売主が引渡しのときに不適合であることを知り、または重大な過失によって知らなかったときは、１年を超過してもできます（566条）。

『夢八』の仮定事例の場合は、甚兵衛は自殺の発生を知っているので、買主は１年を超過しても上記（１）～（３）ができます。

## 4 おわりに

落語には、『黄金餅（こがねもち）（第21話→159頁参照）』『粗忽長屋（そこつながや）』『らくだ』など死体が出てくる噺があります。『夢八』の八兵衛は暗闇の中に死体を見つけたので悲鳴をあげていますが、『黄金餅』などでは、他人の死に直面しても登場人物はさほど驚きません。現代に比べて死が身近であったからなのかもしれません。

何が心理的瑕疵として契約不適合にあたるのかについては、死に対する国民の意識の変化によって変わってくるものと考えます。

本章では**自殺**を取り上げましたが、**殺人**の場合も告知義務が生じます。**孤独死（病死）**などの場合は、どこまで告知義務が生じるのかという問題があります。

## コラム20　『ねじまき鳥クロニクル』の首吊り屋敷

村上春樹の『ねじまき鳥クロニクル』（新潮文庫、平成９年）では、主人公の家の近所にある空き家の井戸が重要な鍵を握っています。

この空き家（の土地）は、昭和に入ってから買って住んだ人々のうち７人が自殺を遂げており、近所では首吊り屋敷として知られています。近所の不動産屋は、「事情を知ってる人間はあれは買わんよ。わしらだって買わないやね。よしんば事情を知らん人間をみつけてうまく売りさばくことができて、それでたとえいくらか儲かったとしても、客を騙しては後味がよくない。うちはそういう商売はしないんだ」（同書３部35頁）といいます。

この空き家で７人も自殺しているので、この事実を秘匿して売却することは契約不適合であると考えられます。「後味」という感情の問題ではなく、売主は法的な責任（契約不適合責任）を負うことになります。

## コラム21　プライバシー権と情報の公益性

自殺や殺人などがあった物件の情報を公開する事故物件情報提供サイトがあります。不動産の購入や賃借を希望する方にとっては有益な情報を容易に入手できる反面、物件所有者からすると事故物件であることを取引相手だけでなく世界中の人に知られてしまいます。自殺などは所有者の家族内で発生したものもあり、忘れたい、忘れられたい、知られたくない事実がインターネット上で公開されてしまいます。ここではプライバシー権と情報の公益性が対立します。

手数料を支払えば誰でも取得できる不動産登記簿謄本においても、同じような対立がみられます。所有権や抵当権などを第三者に主張（対抗）するために登記が必要であり（第８話→65頁参照、第９話のコラム16→76頁参照）、その登記は公示されます。他方で、居住者の持ち家なのか、所有者がどこの金融機関からどのくらいの金額を借りたのかなどを登記簿謄本により知ることができます。

プライバシー権と情報の公益性の対立は、新型コロナウイルスの感染者の個人情報（行動経路など）の取扱いにもみられるとおり、調整が難しい問題です。

## コラム22　検視

『夢八』の八兵衛は、検視が終わっていない死体の監視を任されます。

検視には、司法検視と行政検視があります。**司法検視**とは、変死者または変死の疑いのある死体について、犯罪に起因するものかどうかを判断するため、死体の状況を外表検査することです（刑事訴訟法）。

司法検視の場合、裁判官が発布する令状は不要ですが、外観を観察できるにとどまります。司法検視の結果、犯罪の嫌疑が生じたときは、令状を得て司法解剖を行うなどの捜査が開始されます。なお、司法解剖は大学の法医学教室などで行われますが、新型コロナウイルス対策の設備が整っていないなかで感染の疑いのある遺体の解剖が行われるという問題が生じています。

これに対し、**行政検視**は、犯罪による死亡でないことが明白な場合に、公衆衛生や死因・身元の確認などの行政上の目的から行われます。

### まとめ

- **品質に関する契約不適合には、物理的瑕疵だけでなく心理的瑕疵も含まれる。**
- **契約不適合のときは、買主は、売主に対して、追完請求権、代金減額請求権、損害賠償請求権、解除権を有する。**

### 参考文献


- 潮見佳男『基本講義 債権各論Ⅰ 契約法・事務管理・不当利得〔第３版〕』（新世社、平成29年）49～63頁、88～115頁

# 第13話 世界の中心で富を叫んだ久蔵

## 『富久（とみきゅう）』

（古今亭志ん朝『志ん朝の落語５』（筑摩書房、平成16年）332～381頁 参照）

幇間（ほうかん）＊1の久蔵は、酒でしくじり仕事がない暮れのある日、六兵衛から富（とみ）の札（ふだ）＊2を購入する。久蔵は六兵衛に対し、もし1000両当たったら礼として100両あげるという。六兵衛は断ったものの、久蔵が「いいよォ、取りに来なよォ」としつこくいうため、「わかったよォ。まったくお前さんは呑気でいい人だよ」と返答する。久蔵は浅草の自宅に帰ると、神棚の中に富の札を入れ、保管する。

その日の夜、芝で火事が起きる。久蔵は、芝の旦那の見舞いに行けば、しくじりがなおるかもしれないと思い、冷たい筑波下ろしが吹くなか駆け付ける。芝の旦那は久蔵に感動し、久蔵は出入りが再び許される。

その後、久蔵は芝の旦那の家で酒を飲み、酩酊し寝てしまう。すると、今度は浅草の久蔵の家の方で火事が発生する。久蔵が急いで戻ると、久蔵の自宅は焼けていた。火元は隣りの糊屋（のりや）の老婆宅であった。

火事から半月後、暮れもだいぶ押し迫り、久蔵が客廻りをしていると、神社で富の札の発表をしていた。久蔵は1000両が当たったことを知って歓喜する。しかしながら、火事により富の札を持っていないため1000両を貰えず、久蔵は落胆する。

久蔵は、神社からの帰り道に鳶の頭と出会う。そして、鳶頭が火事のときに久蔵の家から神棚などを運び出し、現在は鳶頭の家で保管されていることを知る。急いで鳶頭の家に行くと、神棚と富の札は無事であった。

**言葉の意味**

＊1　幇間……たいこもち。
＊2　富の札……宝くじ。

## 1 まくら

利他的行為やお節介行為をしたとき、どのような法律関係になるのでしょうか。『富久』の幇間の久蔵は、鳶（消防も兼務）の頭が神棚を運び出してくれたため、富の札の焼失を免れ、1000両を受け取ることができます。鳶の頭が久蔵に報酬を請求した場合、認められるのでしょうか。

また、その場の雰囲気で軽い気持ちで「あげるよ」といってしまった経験をお持ちの方は多いかと思います。『富久』の久蔵は、六兵衛に対し、1000両当たったら100両をあげると口約束しました。六兵衛が久蔵に100両の支払を請求した場合、認められるのでしょうか。

さらには、落語の舞台になっている時代と比べて、火事の被害は減っていますが、令和の現在においても火事が恐ろしいことに変わりはありません。『富久』の久蔵が火元であった糊屋の老婆に損害賠償請求した場合、認められるのでしょうか。

## 2 事務管理

契約や法律による義務がないにもかかわらず、他人のために他人の事務の管理を行うことを**事務管理**といいます（697条1項）。例えば、隣家の火災の消火が挙げられます。本来、義務なく他人に介入することは不法行為（第14話→104頁参照）として違法になるのですが、事務管理として行う場合は違法にはなりません。

事務管理の要件は、①義務なく、②他人のために、③他人の事務の管理をすること（697条1項）、④他人（本人）の意思と利益に反するのが明らかでないことです。

事務管理の要件を充たす場合において、本人のために**有益な費用**を支出したときは、管理者は、本人に対し、その**全額の償還を請求することができます**（702条1項）。隣家の消火事例の場合は、消火費用などを請求することができます。

他方、事務管理は利他的動機に基づくため、管理者は、原則として本人に対して**管理の報酬を請求することはできません**。例外的に、遺失物法などの特別規定がある場合には、報酬請求権が認められます（第6話→52頁参照）。

『富久』の鳶の頭の場合、久蔵の私物（神棚）を運び出すことが鳶としての職務上の義務なのであれば、事務管理には該当しません。そして、仮に、義務でなく、事務管理の要件を充たす場合であっても、特別規定がなければ、久蔵に報酬を請求することはできません。

> **697条（事務管理）**
> 1項　義務なく他人のために事務の管理を始めた者（略）は、その事務の性質に従い、最も本人の利益に適合する方法によって、その事務の管理（略）をしなければならない。

## ③ 贈与契約

### （1）贈与契約の成立

**贈与契約**は、相手方に無償で財産を与える意思表示をし、相手方が受諾することによって成立します（549条）。契約は、原則として、両当事者の意思表示の合致のみによって成立するのであり（522条）、贈与契約も契約書などの書面を作成しなくても成立します。

『富久』の六兵衛は、最初は100両の贈与を断ったものの、その後、「わかったよォ」と受諾しており、この時点で贈与契約が成立します。

### （2）書面によらない贈与の解除

自らの意思で契約を締結した以上、契約当事者は、契約内容に拘束されます。贈与のように、対価を受け取らない無償の場合であっても拘束されます。

もっとも、**書面によらない贈与**は、軽率に行われがちであることから**解除することができる**とされています（550条本文）。解除すると、贈与契約は最初からなかったことになります（545条）（第12話→93頁参照）。ただし、履行の終わった部分は、受贈者の信頼を保護するため、解除できません（550条但書）。

『富久』の久蔵は、書面を作成していないので、贈与契約を解除し、100両を渡す義務を消滅させることができます。ただし、六兵衛に100両を交付した後は、解除したので100両を返してくれと請求することはできません。

### （3）停止条件

法律行為の効力の発生を将来実現するかどうか不確実な事実にかからせることを**停止条件**といいます。1000両当たったら100両をあげるという場合の、「1000

両当たったら」が停止条件です。法律行為が成立したときは、通常、効力が直ちに発生するのですが、停止条件付きの場合は、条件が成就したときから効力が生じます（127条１項）。

『富久』の場合、六兵衛が「わかったよォ」と返答したときに停止条件付きの贈与契約が成立し、1000両が当たったときに契約の効力が発生します。

なお、贈与した場合、贈与者（個人）は課税されません。他方、受贈者（個人）には贈与税が課され、停止条件付贈与の場合は、条件が成就したときに課税されます。

## 4 不法行為と失火責任法

失火（しっか）（過失による火災）の場合における加害者の責任を緩和する**失火責任法**があり、「民法第709条ノ規定ハ失火ノ場合ニハ之ヲ適用セス 但シ失火者ニ重大ナル過失アリタルトキハ此ノ限ニ在ラス」と規定されています。責任が緩和されているのは、延焼による莫大な損害の賠償請求から失火者を保護するためです。

したがって、火災の場合、行為者は、**故意（放火）または重過失があるときに限り、不法行為に基づく損害賠償責任**（709条、第14話→104頁参照）**を負います**。軽過失にすぎないときは、不法行為に基づく損害賠償義務を負いません。

重過失とは、「通常人に要求される程度の相当な注意をしないでも、わずかの注意さえすれば、たやすく違法有害な結果を予見することができた場合であるのに、漫然これを見すごしたような、ほとんど故意に近い著しい注意欠如の状態」をいいます（判例）。裁判例では、寝タバコやガスコンロの脇に置いたインスタントラーメンの袋への引火による失火について、重過失を認めています。

『富久』の久蔵が火元である糊屋の老婆に対して不法行為に基づく損害賠償請求をした場合、老婆に故意または重過失があるときにのみ請求は認められます。

## 5 おわりに

事務管理は、利他的行為やお節介行為をするときに役立つ知識です。大災害などが発生し、他人の事務を行うときにも活用できます。

## コラム23　タコ社長の葬式準備

映画『男はつらいよ』の第22作「噂の寅次郎」に、昼過ぎに銀行からの電話に顔色を変えて飛び出して行ったきり夜になってもタコ社長が帰ってこないので、寅さんが経営不振を苦に自殺したのではないかと早合点し、タコ社長の葬儀準備を行うという場面があります（その後、赤い顔をしたタコ社長が唄を歌いながら上機嫌に帰ってきたため、大喧嘩になります）。

寅さんが隣近所の付き合いとして行った葬式準備は利他的行為です。葬儀費用負担者は、相続人に対して、事務管理に基づく有益費用償還請求ができますが、タコ社長は生存していたため、寅さんには費用償還請求権は認められません。もっとも、事務管理に該当し、有益費を請求できる場合であっても、寅さんは野暮だとして請求しないのでしょうけれども。

## コラム24　事務管理に基づく損害賠償請求

事務管理者に損害が生じた場合、本人に対して損害賠償請求することができるのでしょうか。道に倒れている人に対して応急手当を行ったことにより、服が汚れたり、感染症となったりした場合などの損害賠償請求の可否が問題となります。

委任の場合に損害賠償請求を認める650条３項を701条が準用していないため、本人に対して**事務管理に基づく損害賠償請求をすることはできません**。

もっとも、**公的補償制度**が設けられています。具体的には、消防法とバイスタンダー保険制度があります。救急現場に居合わせた人（バイスタンダー）が応急手当を実施したために怪我をした場合、消防法により災害補償を受けることができますが、一定の条件が必要とされます。そこで、東京消防庁は、災害補償が適用されないバイスタンダーに対して見舞金を支給する保険制度を全国で初めて創設し、平成27年９月から運用を開始しました。安心して救護の手を差し伸べることができる環境を整備し、応急手当の実施率を向上させることを目的としています。

まとめ

- 事務管理の場合、有益費用償還請求権は認められるが、報酬請求権や損害賠償請求権は認められない。
- 贈与契約は、両当事者の意思表示の合致のみによって成立する。書面によらない贈与は解除することができる。
- 失火者は、軽過失のときは、不法行為に基づく損害賠償責任を負わない。

参考文献


- 潮見佳男『基本講義 債権各論Ⅰ 契約法・事務管理・不当利得〔第３版〕』(新世社、平成29年) 17頁、117～118頁、301～302頁、307～309頁
- 潮見佳男『詳解　相続法』(弘文堂、平成30年) 155頁
- 東京消防庁「バイスタンダー保険制度の創設について」平成27年９月３日

# 第14話 雨、堪忍した後

## 『天災』

（麻生芳伸 編『落語百選 秋』（筑摩書房、平成11年）42～58頁 参照）

八五郎は、短気を直すため家主から勧められ、紅羅坊名丸の家を訪れる。店の小僧が水を撒いていて自分の着物の裾に水がかかったらどうするかと紅羅坊から聞かれ、八五郎は、小僧の飼い主（主人）に別の者に代えろというと答える。また、風の強い日に屋根の瓦のかけらが落ちてきて頭に当たり、血が出たらどうするかと聞かれ、八五郎は、その家の者に職人の手間を惜しむから粗相ができあがるんだ、値切っただろう、どうしてくれるんだというと答える。

さらに、突然大降りの雨になったらどうするかと聞かれ、八五郎は、喧嘩する相手がいないので致し方ないと諦めると答える。紅羅坊は、それが堪忍という気持ちである、人間がやったのではなく天災だと思ったらよかろうと教える。小僧に水をかけられたら、原っぱで雨に濡れたものと諦める、屋根から瓦のかけらが落ちてきたら、天から降ってきたものと諦めればよいと教えられ、八五郎は感心する。

八五郎は教わったことをさっそく試してみる。熊が前妻と大喧嘩したと聞き、天災だと思えば腹は立たないだろうと八五郎がいうと、熊が「ええい、家のァ先妻のまちがい」。

### 1 まくら

『天災』の八五郎は、店の小僧によって着物の裾に水をかけられた場合や、風の強い日に屋根の瓦のかけらが落下して頭に当たり、怪我した場合（**落下事例**）に、誰にどのような請求ができるのでしょうか。

裾に水をかけられた程度では、権利の侵害や損害が認められないので、小僧が店の外壁を塗装していたら塗料が飛散して八五郎の着物に付いたとします（**着**

**物事例**)。小僧には責任能力があるものとします（第17話→128頁参照)。

## 2 不法行為

### (1) 不法行為とは？

**他人の行為などにより権利を侵害された者は、その他人に対して、不法行為による損害賠償請求をすることができます**（709条)。

不法行為制度は、物権的請求権（第５話→45頁参照）や債務不履行責任（第12話→90頁参照）を補充する役割を果たします。物を奪われた場合、物権的請求権（返還請求権）を根拠として、その物の返還を請求することはできますが、一定期間奪われたことにより生じた損害の賠償請求を行うことはできません。また、契約関係がない相手方から権利の侵害を受けた場合、債務不履行を理由として損害賠償請求することはできません。これらのような場合に、不法行為による損害賠償請求であれば被害回復を図ることができます。

> **709条（不法行為による損害賠償)**
>
> 故意又は過失によって他人の権利又は法律上保護される利益を侵害した者は、これによって生じた損害を賠償する責任を負う。

### (2) 故意または過失

不法行為制度では**過失責任の原則**が採用されています。過失のない者は結果について責任を負わないとすることにより、行動の自由が保障されています。

不法行為の要件となっている**故意**とは、侵害結果の発生を意欲し、または認容していたことをいいます。また、**過失**とは、侵害結果の発生を予見することができたが、それを回避するために必要とされる行為をしなかったことをいいます。なお、失火の場合は、失火責任法により加害者の責任が緩和されており、重過失がある場合にのみ不法行為による損害賠償責任を負います（第13話→100頁参照)。『天災』の着物事例の場合、店の小僧が注意していれば八五郎に気づき、塗料が付くのを回避できたときは、小僧に過失があることになります。

### （3）不法行為の効果

ア　金銭賠償

不法行為に対する救済手段は損害賠償であり（709条）、原則として（原状回復ではなく）**金銭賠償**です（722条1項が準用する417条）。

イ　損害とは？

**損害**とは、不法行為がなければ被害者が置かれていたであろう財産状態と実際の財産状態との**差額**をいいます。差額を計算するには、財産的損害と非財産的損害に分けて考えます。

**財産的損害**には、被害者が支払を余儀なくされる**積極的損害**（例．治療費、弁護士費用（コラム25→109頁参照））と、被害者が利益を得られなくなる**消極的損害**（例．休業損害、後遺症などによる逸失利益）があります。

**非財産的損害**とは、肉体的・精神的苦痛のことです。苦痛を補填する**慰謝料**は、生命・身体や人格的な利益の侵害を受けた場合には認められますが（第８話→66頁参照、第９話→73頁参照、第16話→119頁参照）、財産権の侵害の場合（例．愛車を壊された場合）には一般的に認められません。ただし、愛犬などのペット（法律上は物）が侵害を受けた場合には認められます。

慰謝料は、肉体的・精神的苦痛だけでなく、財産的損害を補填する役割もあるとされています。財産的損害が低額となった場合に慰謝料額を増額させることによって全体の損害額が調整されることがあります。もっとも、制裁を与えるために慰謝料額を増額させることは認められておらず、不法行為者は、刑事上及び行政上の制裁が与えられるにとどまります。

『天災』の着物事例の場合、着物のクリーニング代などが損害になります。他方、落下事例の場合、治療費や慰謝料が損害になります。

なお、心身に加えられた損害につき支払を受ける治療費、休業損害金、慰謝料などや、資産に加えられた損害につき支払を受ける損害賠償金を（個人が）受け取った場合、原則として非課税となり、所得税は課されません。

ウ　損害賠償の範囲

損害賠償の範囲は、権利侵害と**相当因果関係のある損害**に限られ、債務不履行の損害賠償の範囲を定める416条が類推適用されます（第12話→92頁参照）。すなわち、**不法行為によって通常生ずべき損害**と、**加害者が行為時に**

**予見すべきであった特別の事情によって生じた損害**が、損害賠償の範囲になります。

### (4) 過失相殺

**裁判所は、被害者の過失を考慮して損害賠償額を定めることができます**（722条２項）。損害の公平な分担を図るため、被害者の落ち度を考慮します。

『天災』の着物事例（→103頁参照）の場合、八五郎がよそ見していて店の小僧が塗装しているのに気づかずに側を歩いてしまったのであれば、八五郎に過失が認められ、損害賠償額が減額されることがあります。

### (5) 消滅時効

不法行為に基づく損害賠償請求権は、いつまでも行使できるわけではなく、**損害及び加害者を知った時から３年間行使しないときなどは、時効によって消滅**します（724条、724条の２）（第４話→36頁参照）。

## ３ 使用者責任

### (1) 使用者責任とは？

『天災』の着物事例において、八五郎は店の小僧ではなく、雇い主である店の主人に対して損害賠償請求することはできるのでしょうか。

**使用者責任**（715条１項）が規定されており、被用者が事業の遂行について第三者に不法行為により損害を加えた場合、使用者が損害賠償責任を負います。使用者が責任を負う根拠は、被用者を用いることによって、侵害の危険をつくりだしていることと利益をあげていることです。

> **715条（使用者等の責任）**
> １項　ある事業のために他人を使用する者は、被用者がその事業の執行について第三者に加えた損害を賠償する責任を負う。ただし、（略）。

### (2) 使用者責任の要件

使用者が責任を負う要件は、①被用者の行為が不法行為責任の要件（709条）を充たすこと、②使用者と被用者の間に不法行為時に使用関係があったこと、③被用者の不法行為が使用者の事業の執行について行われたことです。

なお、使用者が相当の注意をしたときなどには損害賠償責任は免責されると規定されていますが（715条１項但書）、実際に免責されることはほとんどありません。

『天災』の着物事例の場合、店の外壁を塗装していたのであるから③についても充たします。

### （３）被用者に対する求償権

損害賠償の支払をした使用者は、**被用者**に**求償権**（償還を求める権利）を行使することができます（715条３項）。ただし、被用者を用いることによって利益をあげている使用者は、**信義則**により求償権の行使が**制限**されるので、全額を請求できるわけではありません。

判例は、「使用者は、その事業の性格、規模、施設の状況、被用者の業務の内容、労働条件、勤務態度、加害行為の態様、加害行為の予防若しくは損失の分散についての使用者の配慮の程度その他諸般の事情に照らし、損害の公平な分担という見地から信義則上相当と認められる限度において」請求できるとします。

『天災』の着物事例において、店の主人が八五郎に損害賠償の支払をしたときは、小僧に対して、信義則上相当と認められる限度において求償請求することができます。

### （４）使用者に対する求償権

損害賠償の支払をした被用者は、**損害の公平な分担という見地から相当と認められる額**について、**使用者**に対して**求償**（逆求償）することができます（最高裁令和２年２月28日判決・裁判所Ｗｅｂ）。

『天災』の着物事例において、小僧が八五郎に損害賠償の支払をしたときは、店の主人に対して、相当と認められる額について求償請求することができます。

## ４ 工作物責任

### （１）工作物責任とは？

土地の工作物（例．建物）の設置または保存に瑕疵があることによって他人に損害を生じさせたときは、工作物の**占有者**が**１次的**に損害賠償責任を負います。ただし、占有者は必要な注意をしたときは免責され、工作物の**所有者**が**２**

**次的**に損害賠償責任を負います（717条１項）。

占有者の免責が認められることは少ないですが、占有者が免責された場合は、所有者は過失がなくても責任を負います。責任を負う根拠は、工作物を占有または所有することによって侵害の危険をつくりだしているからです。

> **717条（土地の工作物等の占有者及び所有者の責任）**
> １項　土地の工作物の設置又は保存に瑕疵があることによって他人に損害を生じたときは、その工作物の占有者は、被害者に対してその損害を賠償する責任を負う。ただし、占有者が損害の発生を防止するのに必要な注意をしたときは、所有者がその損害を賠償しなければならない。

### （2）占有者

工作物責任の「**占有者**」とは、工作物を事実上支配し、その瑕疵を修繕することができ、損害の発生を防止できる関係にある者をいいます。裁判例には、所有者兼賃貸人も賃借人と共同して管理・修補すべき立場にあり、賃借人と重畳（ちょうじょう）して占有していたものと認められ、占有者に該当すると認定したものもあります。

『天災』の落下事例の場合、屋根の瓦のかけらが落下した建物の賃借人だけでなく、所有者兼賃貸人も占有者に該当することがあります。

### （3）設置または保存の瑕疵

**設置または保存の瑕疵**とは、工作物が、その種類に応じて通常予想される危険に対し、通常備えているべき安全性を欠いていることをいいます。大災害などの異常な自然力（不可抗力、コラム26→110頁参照）により生じた危険に対する安全性まで備えている必要はありません。

**瑕疵がなくても不可抗力により損害が生じた場合は、因果関係が認められず、**占有者などは**工作物責任を負いません**。また、不可抗力とまではいえない自然力が寄与したときは、寄与度を考慮し損害賠償額を減額する裁判例もあります。

『天災』の落下事例（→103頁参照）の場合、ただの風が強い日ではなく、暴風により瓦のかけらが落下し、近所の家の多くで同じような落下が見られたようなときは、「瑕疵なし」または「因果関係なし」と判断され、建物の占有者及び所有者は損害賠償責任を負わないことがあります。

**（4）原因者に対する求償権**

損害賠償をした占有者または所有者は、**損害の原因について他に責任を負う者**（例．工作物の施工者）に対して**求償権**を行使することができます（717条3項)。『天災』の落下事例の場合、屋根の瓦のかけらが落下したのは、職人の手抜き工事が原因なのであれば、その職人に求償権を行使することができます。

## 5 おわりに

不法行為制度は、誰が損害を負担すべきかという議論です。過失責任の原則を前提として、例外規定が設けられています。不法行為は、生活騒音（第８話→66頁参照)、婚約破棄（第９話→73頁参照)、火災（第13話→100頁参照)、不貞行為（第16話→119頁参照)、監督義務者責任（第17話→128頁参照）にも登場するとおり、重要な制度です。

## コラム25 弁護士費用の損害賠償請求

事件の依頼を受けるときに、弁護士費用を相手方に損害として請求できるのかという質問を受けることがあります。

訴訟は、弁護士に依頼せずに本人が行うことも認められているので、**弁護士に委任しなければ十分な訴訟活動をすることが困難な類型に属する請求権に限り**、弁護士費用を損害として相手方に**請求することができます**（判例)。一般的には、**不法行為**に基づく損害賠償請求の場合は**請求できる**のに対し、**債務不履行**（金銭債務の不履行など）に基づく損害賠償請求の場合は**請求できない**とされています。医療訴訟や建築訴訟などの**専門的な訴訟**の場合は**請求できます**。

弁護士費用を相手方に請求できるかどうかを検討する際には、①債務不履行の場合は、契約締結時などに弁護士費用を敗訴者が負担するという取決めをしておけば敗訴者に請求できるので、上記の議論は、取決めがない場合の取扱いであること、②不法行為の場合は、契約関係がない相手方などから権利の侵害を受けるので、弁護士費用の負担について事前に取決めをすることができないこと、③被告が勝訴した場合（原告が敗訴した場合）に、被告の弁護士費用を原告に負担させる制度はないので、上記の議論は、原告が勝訴した場合の弁護士費用の取扱いであることが前提となります。

弁護士費用を請求できる場合であっても、事案の難易、請求額、認容額などを斟酌して**相当と認められる範囲内**のものに限られるので、弁護士に支払う報酬の全額が損害として認められるわけではありません。実務上、認容額（請求額のうち裁判所が認めた額）の１割程度を目安に認容されることが多いです。

## コラム26　不可抗力と新型コロナウイルス

新型コロナウイルスの感染拡大の影響で商品を提供できず、または金銭を支払えずに、債務不履行として損害賠償請求された場合、不可抗力を理由として損害賠償義務を免れることはできるのでしょうか。

商品を提供する債務の場合、個別具体的な事情によっては、不可抗力を理由として免責される可能性があります。それに対して、**金銭債務の場合は、不可抗力を理由としては免責されません**（419条３項）。金銭は利息さえ支払えば容易に調達できることが理由です。

### まとめ

- **他人の行為などにより権利を侵害された者は、その他人に対して、不法行為による損害賠償請求をすることができる。**
- **被用者が事業の遂行について第三者に不法行為により損害を加えた場合、使用者は損害賠償責任を負う。**
- **土地の工作物の設置または保存に瑕疵があることによって他人に損害を生じさせたときは、工作物の占有者が１次的に損害賠償責任を負う。ただし、占有者は必要な注意をしたときは免責され、所有者が２次的に損害賠償責任を負う。**

### 参考文献


- 潮見佳男『基本講義 債権各論Ⅱ 不法行為法〔第２版〕』（新世社、平成21年）

第4章

親　族

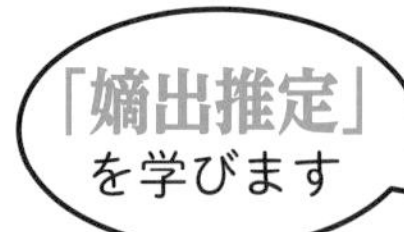

# 第15話 誰の子、誕生

## 『町内の若い衆』

（古今亭志ん生『志ん生艶ばなし 志ん生の噺２』（筑摩書房、平成17年）296～305頁 参照）

亭主が自宅に帰ると、女房と口喧嘩が始まる。女房は、結婚したときは随分太っていたけれど、あまりに苦労させられて頬の肉がなくなった、ドロボーと亭主を非難する。

亭主は、他人の家で、景気が悪いのに家を建てることができるなんてお宅の亭主は働き者であると褒めたら、「ウチのひとの働きじゃァありません、町内の若い衆が、大勢で寄ってたかってこしらえてくれた」と自分に花を持たせてくれたが、お前にはいえないだろうと女房を非難する。

亭主の友人が（亭主の）女房のお腹を見て、景気が悪いのに赤ん坊をこしらえるなんて（亭主は）働き者だというと、女房が「いいえ、ウチの人の働きじゃないよ。町内の若い衆が大勢で、寄ってたかって、こしらえてくれたの」。

## 1 まくら

ＤＮＡ鑑定により生物学上の父を特定しやすくなっているなかで、また、生殖補助医療の発展により、第三者から提供された精子や卵子によって出産することができるなかで、法律上の父母がどのように決まるのかについて解説します。

『町内の若い衆』の女房が出産する子の法律上の父は誰でしょうか。亭主でしょうか、町内の若い衆（生物学上の父）でしょうか。

## 2 母子関係

母子関係は、**分娩(ぶんべん)の事実**によって当然に発生します。

代理母（代理懐胎(かいたい)）であっても、分娩者が母になるので（判例）、卵子提供者が生まれた子の母になるためには、養子縁組が必要になります。なお、海外で代理懐胎により子を得た夫婦が、代理懐胎の事実を明らかにせずに日本において実子として出生届を提出し受理されている例も多数あるそうです。

『町内の若い衆』の場合、出産する女房が生まれた子の母になります。

## 3 父子関係

### (1) 嫡出推定

父子関係の証明は困難であるため、772条に**2段階の推定規定**が設けられています。2項により一定の時期に子が生まれた場合には「婚姻中に懐胎した」と推定し、1項により「婚姻中に懐胎した子」は「夫の子」と推定しています。婚姻関係にある夫婦から生まれた子を**嫡出子**(ちゃくしゅつし)といい、この推定を**嫡出推定**といいます。

嫡出推定はあくまでも推定なので覆すことができますが、**夫のみ**が**嫡出否認の訴え**によって可能です(774条、775条)。否認権の行使は限定的・謙抑的であることが望ましく、直接の法的権利義務関係が生じる立場にある夫にのみ付与すればよいというのが理由です。民法は否認権の行使を強制しておらず、夫は妻の不貞を知ったうえで行使しないこともできます。妻、子、生物学上の父などは嫡出否認ができず、夫の意思に従うしかありません。

嫡出否認の訴えは、父子関係を早期に安定させるため、**夫が子の出生を知ったときから1年以内**に提起しなければなりません(777条)。1年経過後は、父であることが確定します。

『町内の若い衆』の場合、子が婚姻成立日から200日を経過した後または離婚などの日から300日以内に生まれたときには、亭主の子と推定されます。亭主が自分の子ではないとして覆すには、1年以内に嫡出否認の訴えを提起しなければなりません。

**772条(嫡出の推定)**

1項　妻が婚姻中に懐胎した子は、夫の子と推定する。

2項　婚姻の成立の日から200日を経過した後又は婚姻の解消若しくは取消しの日から300日以内に生まれた子は、婚姻中に懐胎したものと推定する。

### （2）嫡出推定を受けない嫡出子

ア　婚姻成立後200日以内に生まれた子

内縁が先行したなどの理由により**婚姻成立後200日以内に生まれた場合、772条の嫡出推定を受けません**。この場合、本来ならば認知がないかぎり父が空欄となるはずですが、戸籍実務では、嫡出子として扱い、夫の名前を記載することができます。父のない子として出生届をすることもできます。

『町内の若い衆』の場合、女房が結婚したときは随分太っていたのに苦労させられて頬の肉がなくなったと愚痴をいっており、婚姻成立後200日は既に経過しているようですが、仮に200日以内に子が誕生した場合は、亭主の子または父のない子として出生届をすることができます。

嫡出子（夫の子）として出生届がなされた場合、嫡出推定を受けないため、父子関係を否定するためには、**親子関係不存在確認の訴え**を起こすことができます。嫡出否認の訴えとは異なり、（夫に限定されず）利害関係がある者は、期間制限なく提起することができます。

イ　別居中の夫婦などの子

また、形式的には772条の要件を充たすが、別居などの理由により**夫による懐胎が外観的に不可能な場合は、嫡出推定を受けません**（判例）。しかしながら、この場合、戸籍実務では、嫡出子としての出生届しか認められていません。

父子関係を否定するには、**親子関係不存在確認の訴え**を提起するか、生物学上の父に対して**強制認知を求める訴え**（787条）を提起します。

『町内の若い衆』の場合、亭主と女房は同居しているので、亭主による懐胎が外観的に不可能とはいえず、772条の要件を充たすのであれば、嫡出推定を受けます。

## 4 おわりに

嫡出推定を規定した772条は、親子及び夫婦にとって重要であるとともに、無戸籍者を生み出す原因になっています（次頁のコラム28参照）。ぜひこの機会に理解を深めてください。

### コラム27　性別の取扱変更と嫡出推定

生物学的には女性であった者が男性への性別取扱変更の審判を受け、その後女性と結婚し、その女性（妻）が第三者から精子の提供を受けて人工授精によって懐胎し、子を出産した場合、（変更の審判を受け男性となった）夫に嫡出推定が及ぶのでしょうか。

夫は妻との自然生殖によって子をもうけることが想定できず、夫と子との間に血縁関係が存在しないことが明らかであるため問題になりました。

最高裁平成25年12月10日決定・裁判所Webは「民法772条２項所定の期間内に妻が出産した子について、妻がその子を懐胎すべき時期に、既に夫婦が事実上の離婚をして夫婦の実態が失われ、又は遠隔地に居住して、夫婦間に性的関係を持つ機会がなかったことが明らかであるなどの事情が存在する場合には、その子は実質的には同条の推定を受けないことは、当審の判例（著者注．前頁の３（２）イ）とするところであるが（略）、性別の取扱いの変更の審判を受けた者については、妻との性的関係によって子をもうけることはおよそ想定できないものの、一方でそのような者に婚姻することを認めながら、他方で、その主要な効果である同条による嫡出の推定についての規定の適用を、妻との性的関係の結果もうけた子であり得ないことを理由に認めないとすることは相当でないというべきである」とし、**性別取扱変更の審判を受け男性となった夫に嫡出推定が及ぶ**としました。

### コラム28　無戸籍と嫡出推定

戸籍をもたない日本人は現在１万人以上いるのではないかともいわれています。出生届が提出されないことにより無戸籍であり、住民票がなく、義務教育を受けるのが容易ではありません。さらには、就労が困難

であり、結婚や出産にも支障をきたします。最近では、新型コロナウイルスの感染拡大に伴い住民基本台帳に記録されているすべての者に所得制限無しで給付される10万円の特別定額給付金を受給できるのかという問題があります。

なぜ、親は出生届を提出しないのか。原因の１つは、**772条の嫡出推定**だとされています。離婚が成立しない間に夫以外の男性との間で懐胎した子は、出生までに離婚が成立したとしても、離婚後300日以内に生まれた場合は、前夫の子と推定されます。出生届を提出すると父は前夫とされてしまうため、それを避けるため母が出生届を提出しないという選択をした結果が無戸籍です。

出生の届出後に、前夫が嫡出否認の訴えを提起すればよいのですが、前夫が協力するとは限りません。なお、前夫による懐胎が外観的に不可能だったのであれば、父子関係不存在確認の訴えを提起したり、生物学上の父に対して強制認知を求める訴えを提起したりすることができます。

## コラム29　赤ちゃんポストと内密出産

熊本県熊本市の慈恵病院は、平成19年以降、「こうのとりのゆりかご」（通称：赤ちゃんポスト）を設置し、国内で唯一、乳幼児を匿名でも受け入れてきました。預け入れられ身元のわからない子は、棄児（きじ）（遺棄され、保護された時に親が分からない児童）として扱われ、熊本市長が命名し、単独の戸籍が編製されます。

同病院は、令和元年12月、医師や助産師の立ち合いなく自宅などで出産する孤立出産を防ぐため、匿名で出産できる内密出産制度を導入したと発表しました。母の名前を空欄とした出生届が受理されるのか、（棄児と同様に）戸籍が編製される（つくられる）のかという問題があります。

### まとめ

- 母子関係は、分娩の事実によって当然に発生する。
- 妻が婚姻中に懐胎した子は、夫の子と推定される。
- 嫡出推定を覆すことは、夫のみが嫡出否認の訴えによって行うことができる。
- 嫡出推定を受けない場合、父子関係を否定するために、親子関係不存在確認の訴えを起こすことができる。

### 参考文献


- 二宮周平『家族法〔第５版〕』（新世社、平成31年）166～182頁
- 石原理『生殖医療の衝撃』（講談社、平成28年）175頁
- 井戸まさえ『無戸籍の日本人』（集英社、平成30年）23～25頁

# 第16話 真実と沈黙

## 『紙入れ』

（麻生芳伸 編『落語百選 夏』（筑摩書房、平成11年）316～322頁 参照）

新吉は、出入り先の旦那の女房と差しむかいで座っている。女房が旦那は今夜帰らないから大丈夫、泊まっていきなという。新吉が旦那に知れたら申し訳ないとためらっていると、旦那に厄介になったから私はどうでもいいのか、旦那の行動はすべて私の差し金であると女房がいう。女房が新吉の手をとると、表の戸が叩かれ、旦那の声がしたので、新吉は裏口から逃げる。

新吉は、慌てていたため、女房からの手紙が入った紙入れを旦那の家に置き忘れた。紙入れは旦那から貰ったものであった。夜逃げも考えたが、旦那が紙入れに気づかなかった可能性もあるので、翌日に様子を見に行くことにする。

新吉は、翌日の早朝、旦那の家を訪れる。そして、目をかけてくれている、ある旦那の女房と世間に顔むけのできないことをしてしまい、しかもその女房の手紙を入れた紙入れを置き忘れてしまったので、ほとぼりの冷めるまで旅に行くと伝える。

旦那の女房が「ふふふふ、いやだよ、新さん…ほんとうに、青い顔なんかしてさ。しっかりおしよ。そりゃ、おまえ、旦那の留守に、若い男でも引き入れて、内緒事でもしようというおかみさんじゃないか、おまえ、そこに抜け目があるもんかね、紙入れなんか、ちゃあんと…こっちへしまって…ありまさあ、ねえ、そうでしょ、旦那？」という。

旦那が「うん、そうとも。たとえ紙入れがそのへんにあったって、自分の女房をとられるようなやつだから、そこまでは気がつくめえ」。

## 1 まくら

有名人の不倫がメディアで取り上げられ、時に犯罪者のような扱いをされますが、姦通罪は昭和22年に廃止されたため、不貞行為は刑法上の犯罪に該当しません。しかしながら、民事上の損害賠償（慰謝料）請求の対象にはなります。

どのような場合に慰謝料が認められるのでしょうか。また、不貞行為は離婚原因になりますが、不貞行為をした配偶者からの離婚請求は認められるのでしょうか。『紙入れ』の旦那、女房及び新吉を例にして解説します。女房と新吉は既に情交関係をもっていたことを前提にします。

## 2 損害賠償請求

### （1）不貞配偶者に対する請求

夫婦は相互に貞操義務を負っており、夫婦の一方が不貞行為をした場合には、他方は**不貞配偶者**に対して**貞操義務違反**を理由として慰謝料を請求することが認められます（709条、710条、第14話→105頁参照）。ただし、**婚姻関係が既に破綻**していた場合は、貞操義務を負わないので、**慰謝料請求は認められません**。

婚姻関係の継続を望みながら、配偶者に慰謝料を請求することは多くないので、離婚に伴う慰謝料を請求し、その中に不貞慰謝料を含めることが多いです。

『紙入れ』の旦那は、女房に対して不貞行為を理由として慰謝料を請求することが認められます。なお、女房が旦那の行動はすべて自分の差し金であると述べているぐらいの仲ですので、婚姻関係の破綻は認められません。

### （2）不貞配偶者の相手方に対する請求

**不貞配偶者の相手方**に対する慰謝料請求は、**婚姻共同生活の平和の維持という権利**などが侵害された場合に認められます（709条、710条）。ただし、**婚姻関係が既に破綻**していた場合は、権利などがあるとはいえないので、特段の事情のない限り、**慰謝料請求は認められません**（判例）。

『紙入れ』の旦那は、新吉に対して不貞行為を理由として慰謝料を請求することが認められます。

新吉が女房から誘惑され、旦那の行動はすべて自分の差し金であるといわれ、仮に断った場合には今後の仕事に影響するかのようにほのめかされたことは、旦那との関係では斟酌されない（共同不法行為者である女房との間で求償割合として斟酌されるにすぎない）とする見解と、旦那に支払う慰謝料の減額事由になるとする見解に分かれています。

### （3）慰謝料請求の対象行為と金額

慰謝料請求の対象となる行為は、不貞行為（情交関係をもったこと）に限られず、広く捉えられています。電子メールでの身体的な接触を示唆する内容のやり取りについて、慰謝料請求を認容した裁判例があります。

請求が認められる慰謝料の金額は、夫婦間の婚姻期間の長短、未成熟子の有無、不貞行為開始時における夫婦の関係、不貞行為の期間・内容などが考慮されて決められます。高額であっても300万円以下となることが多いです。

### （4）共同不法行為

不貞行為は、不貞配偶者とその相手方との**共同不法行為**になるので、両者は**連帯**して損害賠償責任を負います（719条１項、第８話→67頁参照）。共同不法行為者の一方に対しては債務を免除し、他方に対してのみ請求することもできます（441条）。

『紙入れ』の女房と新吉は連帯して損害賠償責任を負い、旦那は、両者またはいずれかに対して慰謝料を請求することができます。

共同不法行為者の１人が弁済すれば、他の連帯債務者の慰謝料債務も消滅します。そして、弁済した者は、他の者に対して、他の者の負担部分に応じた金額を**求償請求**（償還を求める権利を行使）することができます（442条１項、第10話→81頁参照）。

『紙入れ』の新吉が旦那に慰謝料を支払った場合、新吉は、女房に対して女房の負担部分に応じた金額を求償請求することができます。

## ３ 離婚請求

### （1）有責配偶者に対する請求

夫婦間で合意できれば離婚は成立しますが（第17話→125頁参照）、不貞配偶者（**有責配偶者**）が離婚に同意しない場合には、離婚請求が認められるのかが問題となります。

配偶者が**不貞行為をすることは離婚原因になります**（770条１項１号）。不貞行為に限定されており、慰謝料請求の対象行為（上記の２（3））よりも範囲は狭いです。

『紙入れ』の場合、旦那は女房に離婚を請求することができます。仮に女房と新吉が性交には至らず、手を握った止まりだったのであれば、離婚原因となる不貞行為には該当しません。

> **770条（裁判上の離婚）**
> 1項　夫婦の一方は、次に掲げる場合に限り、離婚の訴えを提起することができる。
> 1号　配偶者に不貞な行為があったとき。
> 5号　その他婚姻を継続し難い重大な事由があるとき。

### （2）有責配偶者からの請求

それでは、有責配偶者からの離婚請求は認められるのでしょうか。

有責配偶者からの請求の場合、770条1項の1号には該当せず、5号（婚姻を継続し難い重大な事由）に該当するかが問題となります。

判例は「有責配偶者からされた離婚請求であっても、夫婦の別居が両当事者の年齢及び同居期間との対比において相当の長期間に及び、その間に未成熟の子が存在しない場合には、相手方配偶者が離婚により精神的・社会的・経済的に極めて苛酷な状態におかれる等離婚請求を認容することが著しく社会正義に反するといえるような特段の事情の認められない限り、当該請求は、有責配偶者からの請求であるとの一事をもつて許されないとすることはできない」、「相手方配偶者が離婚により被る経済的不利益は、本来、離婚と同時又は離婚後において請求することが認められている財産分与又は慰藉料により解決されるべきものであるからである」としており、**有責配偶者からの離婚請求であっても認められることがあります**。

なお、未成熟子が存在する場合であっても、有責配偶者からの離婚請求を認めた判例もあります。

## 4 おわりに

不貞行為を行うことを自由に意思決定している限り、不貞配偶者がすべての責任を負うべきであり、不貞配偶者の相手方に対する慰謝料請求は原則として否定されるべきであるという見解があります。この見解と判例・実務のどちらに説得力があると考えますか。

## コラム30　不貞行為を行った同性パートナーに対する慰謝料請求

同性パートナーの不貞行為に対して慰謝料請求をした場合、認められるのでしょうか。同性婚は認められていないため問題となります。

東京高裁令和２年３月４日判決・裁判所Ｗｅｂは、少なくとも民法上の不法行為に関して、**婚姻に準ずる関係から生じる法律上保護される利益**を有するとして、慰謝料100万円及び弁護士費用10万円の合計110万円の限度で請求を認めました。

## コラム31　不貞配偶者の相手方に対する離婚に伴う慰謝料請求

不貞配偶者の相手方に離婚に伴う慰謝料を請求した場合、認められるのでしょうか。不貞行為を理由とする慰謝料が（不貞行為を知った時から３年間経過するなどして）時効によって消滅して請求できない場合に問題となります。

最高裁平成31年２月19日判決・裁判所Webは、「夫婦の一方と不貞行為に及んだ第三者は、これにより当該夫婦の婚姻関係が破綻して離婚するに至ったとしても、当該夫婦の他方に対し、」「**直ちに**、当該夫婦を離婚させたことを理由とする**不法行為責任を負うことはない**と解される。第三者がそのことを理由とする不法行為責任を負うのは、当該第三者が、単に夫婦の一方との間で不貞行為に及ぶにとどまらず、当該夫婦を離婚させることを意図してその婚姻関係に対する不当な干渉をするなどして当該夫婦を離婚のやむなきに至らしめたものと評価すべき特段の事情があるときに限られる」（著者下線）と判示しました。

離婚は夫婦の自由意思によって決められるのであって、原則として第三者が配偶者の地位を直接的に侵害したとはいえないことが理由になっていると考えられます。

## まとめ

- 夫婦の一方が不貞行為をした場合には、他方は不貞配偶者に対して貞操義務違反を理由として慰謝料請求が認められる。婚姻関係が既に破綻していたときは、慰謝料請求は認められない。
- 不貞配偶者の相手方に対する慰謝料請求は、相手方により婚姻共同生活の平和の維持という権利などが侵害された場合に認められる。婚姻関係が既に破綻していたときは、特段の事情のない限り、慰謝料請求は認められない。
- 有責配偶者からなされた離婚請求であっても、認められる場合がある。

### 参考文献


- 中里和伸『判例による不貞慰謝料請求の実務』（弁護士会館ブックセンター出版部LABO、平成27年）

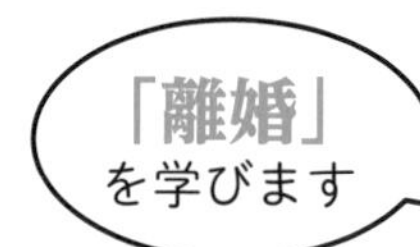

# 熊五郎、心のむこうに

## 『子別れ』

（麻生芳伸 編『落語百選 秋』（筑摩書房、平成11年）414〜441頁 参照）

大工の熊五郎が４日ぶりに自宅に帰ってきた。どこへ行っていたのかと聞かれた熊五郎が吉原での女郎との惚気（のろけ）を話し始めたため、女房が熊五郎の顔を平手打ちして喧嘩となる。結局、離婚することになり、女房が子の亀吉（８歳）を引きとる。

熊五郎は吉原に通いづめ、女郎と年季明けに再婚する。しかしながら、前の女房と大違いで、大酒を飲み、一日中寝ている。追い出そうと思っているうちに、女房から出て行ってしまい、離婚する。

その後、熊五郎は改心し、酒を断ち、懸命に働くようになる。３年が経過したある日、亀吉（11歳）とばったり再会する。

前の女房が再婚せずに独り身のままであることなどを聞きだしていると、亀吉の額に傷があることに気づく。友人と遊んでいたときに喧嘩となり独楽（こま）で殴られた、母（前の女房）はこんな傷をつけられて黙っていたら次に何をされるかわからないと抗議しようとしたが、その友人が仕事を頻繁にくれる家の子であると知り、我慢しろといったと亀吉は述べる。熊五郎は、50銭の小遣いを渡し、翌日に一緒に鰻（うなぎ）を食べに行く約束をして別れる。

亀吉は、家に帰ると、誰から50銭をもらったのかと母から聞かれる。口止めされたため名前はいえないと答えると、母は怒り出し、どこから盗んだのかいわないと、離婚したときに持ってきた熊五郎の金槌（かなづち）で頭を叩き割ると述べる。亀吉は熊五郎から貰ったことを白状する。

翌日、亀吉は熊五郎と鰻屋で食事する。前の女房も同行し、熊五郎と再会する。熊五郎がよりを戻してくれないかというと、前の女房は喜び、「子供は夫婦の鎹（かすがい）*ですねェ」と言う。亀吉が「あたいが鎹だって？あァ、道理できのう金槌で頭をぶつといった」。

言葉の意味

＊　鎹……つなぎ目をつなぐためなどに打つ金具。

## 1 まくら

民法が離婚に関してどのように規定しているのかを、『子別れ』の熊五郎、女房及び亀吉を例にして解説します。また、子が友人に怪我させられたときに、友人やその親に対して損害賠償請求をすることができるのかについても解説します。

## 2 離婚

（協議）離婚は、当事者間で**離婚の合意**がなされ、**離婚の届出**をすることにより効力が生じます（763条、764条が準用する739条）。夫婦に**未成年の子**がいる場合には、**夫婦の一方を離婚後の親権者と定めなければ、離婚の届出は受理されません**（765条１項、819条１項）。離婚届には面会交流や養育費に関する記載欄もありますが、これらは未定であっても受理されます。

『子別れ』の場合、熊五郎と女房が離婚の合意をするだけでなく、未成年者である亀吉の親権者を定めて離婚の届出をすることにより離婚の効力が生じます。

## 3 親権者、面会交流、養育費

### （1）親権者

**親権**とは、未成年の子を養育・教育し、子の財産を管理し、子に代わって子の財産に関する法律行為をする親の義務と権利です（820条、824条）。親権者は、未成年の子の行為について、第三者に対して責任を負うことがあります（128頁の５）。

婚姻中は父母の**共同**親権になりますが（818条３項）、離婚後は一方の**単独**親権になります（819条１項）。離婚後の共同親権は認められていません（コラム32→130頁参照）。

『子別れ』の場合、女房が亀吉を引きとっているので、女房が親権者になります。

親権者とは別に、**監護者**（子を養育・教育する者）を定めることもできます（766条１項）。この場合、親権は財産管理権及び財産に関する法律行為の代理権に限定されます。

> **766条（離婚後の子の監護に関する事項の定め等）**
> １項　父母が協議上の離婚をするときは、子の監護をすべき者、父又は母と子との面会及びその他の交流、子の監護に要する費用の分担その他の子の監護について必要な事項は、その協議で定める。この場合においては、子の利益を最も優先して考慮しなければならない。

### （2）面会交流

**面会交流**とは、別居している親が子と面会したり、手紙や電話などで交流することをいいます（766条１項）。親の権利であるとともに、子の権利でもあります。面会交流は、原則として認められ、例外的に子の福祉を害する場合には制限されます。

『子別れ』の場合、熊五郎と亀吉は離婚後３年間会っていなかったことになっていますが、熊五郎と亀吉（女房）のいずれからも面会交流を求めることができます。

なお、新型コロナウイルスの感染拡大に伴い、面会（交流）を求めても、その実施が見送られるケースが発生しています。

### （3）養育費

親権者ではない親も子を扶養する義務があり（877条１項）、子の監護に要する費用（**養育費**）を分担しなければなりません（766条１項）。義務の程度としては、**親と同程度の生活保障**です。

実務上、養育費の金額の計算には、**養育費算定表**が利用されています。支払義務者の収入を縦軸、権利者の収入を横軸とし、算定表上で交わる部分の金額を養育費の基準額とします。算定表の改定版が令和元年12月に最高裁判所の司法研修所によって公表され、16年ぶりに見直しが行われました。全体的に増額傾向になっています。令和４年４月の改正民法の施行により成人年齢が18歳になっても、現行どおり、原則として20歳まで養育費を支払うべきであることも明らかにされました。

『子別れ』の場合、熊五郎は亀吉が20歳になるまで、養育費を支払わなければなりません。養育費の金額は、養育費算定表を利用し、熊五郎の大工としての収入と女房の収入から算定します。熊五郎が女房と再婚すると、養育費ではなく婚姻費用になります。

なお、養育費を受け取っても、非課税となり、贈与税は課されません。また、ひとり親家庭が養育費の不払によって困窮していることが社会問題になっています（コラム33→130頁参照）。

## 4 財産分与

### (1) 財産分与とは？

離婚の際には、**財産分与**を請求することができます（768条1項）。婚姻中に自己の名で取得した財産は、その者に単独で帰属するとされていますが（762条1項）、配偶者の貢献を考慮して、実質上共同の財産として清算・分配を行います。なお、年金分割は、財産分与とは別の制度です。

### (2) 清算の対象

清算の対象となるのは、夫婦の協力によって**婚姻時から別居時までの間**に取得した財産です。婚姻前から有していた財産や婚姻中に相続・贈与により取得した財産は、清算の対象になりません。自宅や現預金などだけでなく、将来支給される（未支給の）退職金も清算対象になります。

住宅ローンなどの債務も、財産分与において考慮されます。ただし、夫婦間で負担割合について合意しても、債権者が同意しない限りは、債権者に対しては効力を有しません。

『子別れ』の母が亀吉の頭を叩こうとするときに熊五郎の金槌が出てきます。熊五郎が婚姻後に取得したのであれば、金槌のような商売道具も財産分与の対象になります。

### (3) 清算の割合

原則として、清算対象財産の**半分（1／2）**を請求することができます。

### (4) 課税関係

財産分与により財産を取得した者には、原則として贈与税は課されません。

他方、分与した者は、現預金を分与した場合は課税されませんが、不動産などを分与した場合には所得税（譲渡所得）が課されます。

## 5 監督義務者責任

### （1）責任能力

未成年者であって、自己の行為の責任を弁識（べんしき）する（見極める）に足りる知能を備えていなかった者は、**責任能力**がなく、不法行為に基づく損害賠償責任（709条、第14話→104頁参照）を負いません（712条）。責任能力の有無は、一定の年齢で区切られるわけではなく、加害者や加害行為ごとに異なりますが、一般的には、小学校を卒業する程度の知能（**12歳程度**）が基準とされます。

『子別れ』の場合、亀吉の額を独楽で殴った友人が亀吉（11歳）と同年齢なのであれば、責任能力がないと認定される可能性があります。

> **712条（責任能力）**
> 未成年者は、他人に損害を加えた場合において、自己の行為の責任を弁識するに足りる知能を備えていなかったときは、その行為について賠償の責任を負わない。

◎年齢と民法など

| | |
|---|---|
| 20歳未満 | 制限行為能力者（４条、５条）<br>（令和４年４月から18歳未満に引き下げ）<br>刑事事件の少年法適用 |
| 18歳未満 | 男　婚姻不可（731条） |
| 16歳未満 | 女　婚姻不可（731条）<br>（令和４年４月から18歳未満に引き上げ） |
| 15歳未満 | 遺言無能力者（961条）（第19話→144頁参照） |
| 14歳未満 | 刑事事件の責任無能力者 |
| 12歳程度未満 | 不法行為の責任無能力者（712条） |

### （2）責任無能力者の監督義務者の責任

責任無能力者が責任を負わない場合には、**監督義務者**（例．親権者）が損害賠償責任を負います。ただし、監督義務を怠らなかったときなどは責任を負いません（714条１項、コラム34→131頁参照）。

『子別れ』の場合、亀吉の額を独楽で殴った友人が責任無能力なのであれば、友人の親権者である親が、監督義務を怠らなかったときなどを除き、損害賠償責任を負います。亀吉（の親権者として法定代理人である母）は友人に対して損害賠償請求をすることができなくても、友人の親に対して請求することができます。

> **714条（責任無能力者の監督義務者等の責任）**
>
> １項　前２条の規定により責任無能力者がその責任を負わない場合において、その責任無能力者を監督する法定の義務を負う者は、その責任無能力者が第三者に加えた損害を賠償する責任を負う。ただし、監督義務者がその義務を怠らなかったとき、又はその義務を怠らなくても損害が生ずべきであったときは、この限りでない。

### （３）責任能力者の監督義務者の責任

不法行為者に責任能力があった場合は、被害者は709条に基づき不法行為者に損害賠償請求をすることはできますが、**714条**に基づき（不法行為者の）**監督義務者に損害賠償請求をすることはできません**。

しかしながら、監督義務者に対しても（714条ではなく）**709条**に基づき**損害賠償請求できる余地はあります**。ただし、この場合の監督義務は、714条が適用される一般的な場面における結果回避のための包括的な監督義務とは異なり、結果回避のための具体的かつ特定の監督義務になるので、**損害賠償請求が認められる場面はかなり限定**されます。具体的には、（責任能力を有する）未成年者が非行を繰り返している場合などです。

最近の裁判例として、13歳の中学１年生が、神奈川県川崎市内の河川敷において、当時18歳または17歳の加害者ら（責任能力者）によって頸部等をカッターナイフで切り付けられるなどして死亡した事件において、加害者３名のうち２名の親の監督義務違反による不法行為責任が認められました（横浜地裁令和元年７月26日判決・WLJPCA07266005、その後加害者側が控訴したが令和２年６月24日棄却）。

## ⑥ おわりに

離婚（届）、親権者、面会交流、養育費及び財産分与は、イメージを持ちやすく、理解しやすいのではないかと思います。他方、親権者の監督義務者としての責任は、子の責任能力の有無によって監督義務の内容が異なり、また、責任能力の有無は一定の年齢で区切られているわけではないので、複雑になっています。

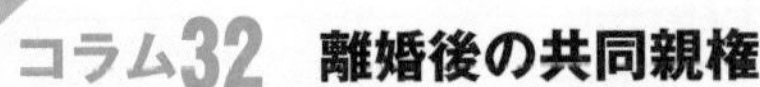

## コラム32 離婚後の共同親権

離婚後も共同親権にすべきであるという見解があります。共同親権にすれば、親の意識が変わり、養育費の不払が減少したり、面会交流が円滑に実施されたりするという主張です。

令和元年11月には、離婚後の単独親権制度は憲法14条の法の下の平等に違反するなどとして、12人が東京地方裁判所に国家賠償請求訴訟を提起しました（毎日新聞 令和元年11月23日 朝刊）。

## コラム33 養育費の回収

### 1　民事執行法の改正

改正民事執行法が令和２年４月に施行され、養育費の不払が解消することが期待されています。従来、預貯金や給与を差し押さえて養育費を回収するためには、自ら調査して、元夫または元妻の預金口座がある金融機関の支店名や勤務先を特定することが求められていたため、回収が困難でした。しかし、民事執行法の改正により、下記の手続が可能になりました。

まず、①債務者が所有権の登記名義人である不動産に係る登記情報を法務局から取得できる手続が新設されました。誰でも特定の物件の登記事項証明書は取得できますが、登記名義人ごとに記録されているわけではないので、新設手続の必要性は高いです。また、②債務者の給与債権（勤務先）についての情報を市町村や日本年金機構などから取得できる手続が新設されました。さらには、③債務者の預貯金債権などに係る情報を銀行などから取得できる手続が新設されました。

**2　行政の養育費の回収支援制度**

養育費の回収支援制度を導入する自治体があります。ひとり親家庭が民間保証会社と契約し、養育費の支払に滞りがあった場合、同社がひとり親家庭に立替払いしたうえで、養育費の支払義務者から回収するという制度です。自治体は、ひとり親家庭が民間保証会社に支払う保証料（の一部）を補助します。

## コラム34　サッカーボール事件

11歳の小学生（責任無能力者）が蹴り、校庭の外に転がり出たサッカーボールを避けようとした自動二輪車の運転手が転倒したことについて、小学生の両親（監督義務者）の責任の有無が争われた事件があります。

最高裁平成27年4月9日判決・裁判所Webは、「責任能力のない未成年者の親権者は、その直接的な監視下にない子の行動について、人身に危険が及ばないよう注意して行動するよう日頃から指導監督する義務があると解されるが、」「**通常は人身に危険が及ぶものとはみられない行為によってたまたま人身に損害を生じさせた場合**は、当該行為について**具体的に予見可能であるなど特別の事情が認められない限り**、子に対する**監督義務を尽くしていなかったとすべきではない**」（著者下線）とし、小学生の両親は監督義務を怠らなかったとしました。

被害者側は、小学生に対しても、その両親に対しても損害賠償請求が認められないわけですが、他の可能性として、校庭のゴールの設置などに瑕疵があったとして学校を運営する市区町村に対して国家賠償法に基づき損害賠償請求をすることが考えられました。

**まとめ**

- **夫婦に未成年の子がいる場合には、一方を離婚後の親権者と定めなければ、離婚の届出は受理されない。**
- **面会交流は、原則として認められ、例外的に子の福祉を害する場合には**

制限される。

- 親権者ではない親も子を扶養する義務があり、子の監護に要する費用（養育費）を分担しなければならない。
- 財産分与の対象となるのは、夫婦の協力によって婚姻時から別居時までの間に取得した財産である。
- 責任無能力者が責任を負わない場合には、監督義務者が損害賠償責任を負う。ただし、監督義務を怠らなかったときなどは、責任を負わない。

---

参考文献


- 潮見佳男『基本講義 債権各論Ⅱ　不法行為法〔第３版〕』（新世社、平成29年）112～114頁

# 第5章

# 相　続

# 第18話 竹次郎、来京

## 『鼠穴』

(麻生芳伸 編『落語百選 冬』(筑摩書房、平成11年) 109～125頁 参照)

弟の竹次郎は、立派な商人になった兄のもとで奉公させてもらうため、郷里から江戸に出てきた。父が亡くなり、田地田畑を兄弟で分けた。兄はすぐに田地田畑を売却し、江戸に出て、その売却代金を元手に商売を始めた。一方、竹次郎は、郷里で百姓をしていたが、酒や女のために田地田畑を手放すことになってしまった。

兄は、自分で商売すれば儲けがすべて自分のものになるのであるから商売をしてみろといい、竹次郎に金銭を貸し付ける。竹次郎は、なんとか目鼻がついたら伺うという。

兄から渡されたのはたった３文であった。３文で商売ができるはずがない、兄は鬼だ、ばかにしやがってと思うが、地面を掘っても３文は出てこないと考え直し、竹次郎は商売を始める。必死に働き、２年半ばかりで10両貯めた。結婚して女の子が誕生し、10年後には、深川で蔵を有する立派な店の主人になった。

風が強く吹く冬のある日、竹次郎は10年ぶりに兄に会いに行く。出掛ける前に、火事に備えて蔵の目塗りと鼠穴の補修を番頭に指示する。

竹次郎は、10年前に借りた３文を返すとともに、利子ではないけれども手土産を持ってこなかったからといって２両を渡す。兄は利子として受け取る。そして、たった３文だとわかったとき腹が立ったであろう、浪費してしまうと思って３文しか貸さなかったが、少しでも弁済したら50両でも100両でも貸すつもりであった、勘弁してくれという。それに対し、竹次郎は、あのときは鬼だと思ったが、兄がそのような考えであったとは知らなかった、自分のほうこそ勘弁してくれと述べる。兄弟は杯を交わす。その夜、竹次郎が火事の発生に備えて深川に帰ろうとするが、店が焼けるようなことがあれば、自分の身代（しんだい）*をすべて譲るから泊っていけと兄がいったため、竹次郎は泊ることにした。

真夜中に半鐘（はんしょう）が鳴り、深川方面で火事が発生したことを知る。竹次郎が深川の店に戻ると、あたり一面が火の海と化していたが、竹次郎の蔵だけは残っている。番頭が、物は蔵に入れ、目塗りをしたから安心してくださいという。しかしながら、鼠穴を塞がなかったため、蔵は焼け落ちてしまった。

火事の後、竹次郎は娘を連れて兄の店へ行き、50両を貸して欲しいと頼む。しかし、兄は、今のおまえには１両か２両しか貸せない、身代を譲るといったのは酒のうえの戯言（たわごと）だという。竹次郎は、人の皮を被った畜生（ちくしょう）だと罵（ののし）る。

帰り道、竹次郎は娘を吉原に売り、20両を懐に入れ、吉原の大門を出る。見返り柳で振り返り、娘よ辛抱してくれと物思いにふけっていると、胸に突き当たってきた男に20両をすられてしまう。絶望した竹次郎が木の枝に帯をかけ、首を吊ろうとすると…。

眠っていた竹次郎は兄に起こされる。深川の店が火事になったことは夢であった。

言葉の意味

＊　**身代**……一身に属する財産。

## 1 まくら

遺産分割において不動産をめぐって争いになることが多いです。長年にわたり相続人の生活の本拠である場合には思い入れがあること、不動産の評価が難しいこと、預金債権であれば金額によって容易に分割できるが不動産の現物分割は困難であること、遺産総額に占める不動産評価額の割合が高く、相続人にとって重要な遺産であることなどが原因になっています。

『鼠穴』の場合、兄弟が父の田地田畑を分けていますが、他にどのような遺産分割の方法があったのでしょうか。なお、父の相続人は子２人のみであると仮定します。また、農地については農地法が適用され、相続や共有物分割などの場合の農業委員会の許可の要否などについて検討が必要ですが、説明を割愛いたします。

また、親族間などで細かい条件を定めずに金銭の貸し借りをすることがありますが、そのような場合、利息や返済期限はどうなるのでしょうか。『鼠穴』では、兄が弟に３文を貸し付けています。

## ❷ 遺産分割

### （1）遺産分割とは？

被相続人が死亡し、相続が発生した場合において（882条）、相続人が複数いるときは、相続人が遺産（相続財産）を**法定相続分**（コラム35→140頁参照）に応じて**暫定的に共有**（遺産共有）することになります（898条、899条）。その共有を解消し、個々の相続財産について終局的な帰属を確定させる手続を**遺産分割**といいます。

『鼠穴』の場合、父の死亡により、兄弟が遺産である田地田畑を暫定的に法定相続分に応じて１／２ずつ共有することになります。その後、兄弟は、遺産分割を行い、田地田畑を現物分割しています。

### （2）遺産分割の当事者

遺産分割は、原則として**相続人のみ**によって行います。

相続人のなかに未成年者がいる場合、親権者（第17話→125頁参照）が代理人として遺産分割に参加します。もっとも、親権者自身も相続人である場合には、**利益が相反**するおそれがあるので、親権者は家庭裁判所に**特別代理人**の選任を請求しなければなりません（826条１項）。

『鼠穴』の場合、仮に竹次郎が未成年であり、母が存命（であり父の配偶者）であるときは、母は竹次郎の親権者ですが、母は配偶者として自らも相続人であるため、父の遺産分割において母は竹次郎の代理人にはなれません。竹次郎には特別代理人が必要です。

### （3）遺産分割の流れ

まずは、相続人が遺産分割のため**協議**します。協議を成立させるには、**相続人全員の合意**が必要です。分割案に反対する相続人や協議に応じない相続人がいる場合には、協議は成立しません。遺産分割を行うにあたり、法定相続分や遺言による指定相続分、遺言による分割方法の指定（第19話→148頁参照）と**異なる内容での分割も可能**です。

協議が困難な場合、家庭裁判所に**遺産分割調停**を申し立てます。調停を成立させるには全員の合意が必要であることは協議と同じですが、裁判官や調停委員が関与することにより調停が成立することは多いです。調停不成立となった場合には、審判手続に移行し、家庭裁判所が**審判**をします。

## ③ 不動産の遺産分割

### （1）不動産の評価額

遺産に不動産がある場合、相続人間でその評価額について合意できるかが争点になります。不動産を取得したい相続人はできる限り低い評価額にしたいと考えますし、反対に、取得希望のない相続人は高額にしたいと考えますので、思惑が異なる相続人間で合意できない場合もあります。その場合、遺産分割調停では、不動産鑑定士による鑑定を行うことになります。

鑑定費用は通常１物件当たり50万円以上かかり、相続人が負担しなければなりませんし、鑑定結果が出るまでに時間がかかります。鑑定を実施する場合の費用及び時間を考慮して、評価額についてどこまで譲歩できるのかを各相続人が検討することになります。

不動産の評価額について協議する際に基準になるのが、①固定資産評価額（固定資産税の納税通知書などに記載された評価額）、②相続税評価額（相続税申告をする際の評価額）、③不動産業者による査定価格です。実務上、③の査定書がよく提出され、家庭裁判所の調停委員から提出を促されることもありますが、調停においてこの査定書の評価額が重視されすぎているのではないかと感じることもあります。

### （2）不動産の分割方法

不動産の遺産分割には、４つの方法あります。

まず、**現物分割**です。原則的な分割方法であり、個々の遺産を各相続人に取得させる方法です。例えば、遺産不動産としてＡとＢがある場合、兄がＡを、弟がＢを取得する方法です。また、Ａを二分割（分筆）して、兄と弟がそれぞれ取得するという方法もあります。『鼠穴』の場合、兄と竹次郎は田地田畑を現物分割により取得し、その後それぞれが売却しています。

２つ目は**代償分割**です。相続人にその相続分を超える遺産を取得させ、代わりに、他の相続人に代償金を支払うという方法です。『鼠穴』の場合、竹次郎が田地田畑をすべて取得し、兄に対して代償金を支払うという選択肢もありました。竹次郎に代償金を支払えるだけの資力があることが前提となります。

３つ目は**換価分割**です。遺産を売却してその売却代金を相続人が分割する方法です。『鼠穴』の場合、兄と竹次郎が田地田畑を売却して、売却代金を分割するという選択肢もありました。

なお、換価分割を行った場合、相続税だけでなく所得税（譲渡所得）も課されます。換価時に相続人間で換価代金の取得割合が確定しておらず、後日遺産分割される場合、換価代金のうち法定相続分に応じた金額を譲渡所得として申告します。所得税の申告後に、換価代金を法定相続分とは異なる割合で遺産分割することになっても、原則として所得税の申告について変更（更正の請求など）はできません。

最後の４つ目は共有によって取得する**共有分割**です。不動産全体について共有持分を有し、全体を利用することができます（コラム36→140頁参照）。『鼠穴』の場合、兄と竹次郎は、田地田畑を１／２ずつの共有持分で取得する（暫定的な共有を確定的にする）という選択肢もありました。

## ４ 消費貸借契約

### （1）消費貸借契約とは？

金銭の貸し借りは、**消費貸借契約**に該当します（587条）。賃貸借契約（第11話→85頁参照）の場合は、借りた物を返還するのに対し、消費貸借契約の場合は、借りた物を消費し、同種・同等・同量の物を返還します。『鼠穴』の場合、借りた３文そのものを返す必要はなく、借入額と同額の３文を返せばよいのです。

**587条（消費貸借）**

消費貸借は、当事者の一方が種類、品質及び数量の同じ物をもって返還をすることを約して相手方から金銭その他の物を受け取ることによって、その効力を生ずる。

### （2）利息

消費貸借契約は、**原則として無利息**であり、**特約がある場合にのみ利息を請求することができます**（589条１項）。もっとも、**商人間**の金銭消費貸借の場合、商人は営利を目的として活動しているため、特約がなくても**利息を請求することができます**（商法）。

『鼠穴』の場合、竹次郎が渡した２両を兄が利息として受け取っています。竹次郎が商人である兄から開業資金として３文を借りることが開業準備行為に該当するのであれば、商人間の消費貸借として、特約がなくても兄は利息を請求することができます。

利息を請求する場合の利率は、契約などによって定められていない場合には、**法定利率**（**年３％**、ただし３年ごとに見直しあり）になります（404条）。

### （3）返還時期

借りた金銭の返還時期は、合意があればそのときとなります。返還時期が定められていない場合は、貸主が返還請求をし、**相当期間**（取引上一般に返還に必要とされる期間であり、１週間程度とされることもある）が経過すると、借主は返還が遅れている状態（**履行遅滞**）になり（591条１項）、**遅延損害金**が発生します（419条）。

いつ返還してもよいわけではなく、返還時期が定められていないことは借主にとって不意打ちになることがあります。遅延損害金は、金銭の借入れに利息の定めがない場合は、**法定利率**によって算定します。

『鼠穴』の場合、竹次郎は借りるときに目鼻がついたら返還すると発言したため、目鼻がついた時またはつかないことが確定した時が返還時期であり（不確定期限）、返還時期が定められていると考えることもできます。返還時期が定められていない場合は、兄が返還請求をして相当期間が経過すると、竹次郎は履行遅滞になります。

## 5 おわりに

竹次郎が借りた３文は、現在の価値でいうと60円程度です。60円を元手に商売を始め、10年後に蔵を構えるまでになっています。

また、竹次郎は３文とは別に、利息（本人は利息であることを否定していますが）として２両（現在の価値でいうと20万円程度）を支払っています。仮に元金60円に対して10年後に利息を20万円支払うという内容の契約を締結した場合は、利息制限法に違反しており、利息の超過部分は無効です。

## コラム35 相続人と法定相続分

### １ 相続人

相続人には、**配偶者相続人**と**血族相続人**がいます。

配偶者は常に相続人になります（890条）。また、血族相続人として、最も高い順位の者も相続人になります。第１順位は子（887条）、第２順位は直系尊属（889条１項１号）、第３順位は兄弟姉妹（889条１項２号）です。

### ２ 法定相続分

各相続人の法定相続分が規定されています（900条）。

配偶者及び子が相続人の場合は、**配偶者が１／２、子が１／２**です。配偶者及び直系尊属が相続人の場合は、**配偶者が２／３、直系尊属が１／３**です。配偶者及び兄弟姉妹が相続人の場合、**配偶者が３／４、兄弟姉妹が１／４**です。そして、子、直系尊属または兄弟姉妹が複数の場合、各自の相続分は相等しいです。

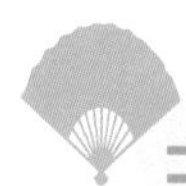

## コラム36 不動産を共有分割にすると

### １ 変更、管理、保存

共有分割などにより共有となった場合、不動産をどのように使用できるのでしょうか。

まず、売却や造成、増築など**変更行為**をするためには、**共有者全員の同意**が必要になります（251条）。共有不動産の所有権を売却するためには、全員の同意が必要になりますが、自分の共有持分権（１／２や１／３などといった割合の権利）を売却することは単独で行うことができます。ただし、共有持分権を売却する場合、買主を見つけるのが困難であり、仮に買主を見つけることができても売却金額が低くなってしまいます。

次に、共有不動産を貸している場合にその契約を解除するなどの**管理行為**をするためには、**共有者の持分価格の過半数**（252条本文）が必要になります。例えば、Aが１／２、Bが１／４、Cが１／４の共有持分権を有する場合、Cが同意しなくても、AとBは管理行為を行うことができます。他方、A単独では管理行為を行うことはできません。

そして、共有不動産を修繕したり、勝手に使用している者に明渡しを請求したりするなどの**保存行為**は、各共有者が**単独**で行うことができます（252条但書）。

管理費用（利用・改良のための必要費・有益費）や負担（固定資産税などの公租公課）は、共有者が**持分に応じて負担**します（253条１項）。利用・改良に反対した共有者も持分に応じて負担しなければなりません。

### ２　共有者の１人が使用する場合

共有者の１人が相続開始前から不動産を使用し、他の共有者は使用できない状態が続くことがあります。各共有者は、共有物の全部について、その持分に応じた使用をすることができるところ（249条）、使用していない共有者は、何か請求できるのでしょうか。

まず、**明渡しを請求しても**、共有者であれば共有不動産の全体を利用する権利があるため、原則的には**認められません**。

また、共同相続人の１人が相続開始前から遺産である建物において被相続人の許諾を得て被相続人と同居していたときは、原則として、**少なくとも遺産分割終了までの間**は、使用貸借契約関係（無償で使用収益）が存続するため、**使用料の請求は認められません**（判例）。

### ３　共有物分割請求

共有者が採りうる方法として、共有物分割請求があります。**共有物分割**とは、共有状態を解消することをいいます。共有は、共有物に関する権利の行使を互いに制約しあう不自由なものなので、各共有者は、**いつでも**共有物の分割を請求することができます（256条１項）。

分割類型として、**現物分割**、**競売による売得金の分割**、**全面的価格賠**

**償による分割**があり、それぞれ遺産分割のときの現物分割、換価分割、代償分割に対応する方法です。

### 4 共有分割を避けるべき理由

140頁に記載したとおり、共有不動産の変更行為及び管理行為を行うには、他の共有者の同意が必要にな（ることがあ）ります。また、共有者であるにもかかわらず、使用できない、使用料の請求が認められないという状態になることがあります。さらには、共有物分割請求がなされると、遺産分割のときの共有分割以外の３つの方法により分割することになります。そのうえ、共有者が死亡し、相続が発生すると、共有者がさらに増え、権利関係がより複雑になるおそれもあります。

したがって、遺産分割のときに共有分割はできる限り避けるべきであると考えられています。

**まとめ**

- **遺産分割協議を成立させるには、相続人全員の合意が必要である。**
- **不動産の遺産分割方法には、現物分割、代償分割、換価分割及び共有分割がある。**
- **消費貸借契約は、特約がある場合にのみ利息を請求することができる。**
- **消費貸借契約で返還時期が定められていない場合、貸主が返還請求をし、相当期間が経過すると、借主は履行遅滞になる。**

参考文献


- 潮見佳男『詳解 相続法』（弘文堂、平成30年）

# 第19話 子の選択を

## 『片棒』

（麻生芳伸 編『落語特選 下』（筑摩書房、平成12年）341～352頁 参照）

赤螺屋吝兵衛（あかにしやけちべえ）は、食うものも食わず貯め込んで、一代で金持ちになった商人である。３人の息子のうちだれに家督を譲るか決めるため、自分が死んだらどのような葬式を出すか尋ねる。

長男の松太郎は、料理代と車代だけで１人当たり30円（勤め人の１ヵ月分の給金相当額）かけ、3000人が出席する豪勢な葬式を行うという。吝兵衛は貯めた金が葬式のためになくなってしまうと嘆く。

次男の竹次郎は、山車（だし）の上に算盤（そろばん）を弾く吝兵衛の人形を設置するなど祭りのような葬式を行うと答え、吝兵衛は呆れる。

三男の梅三郎は、葬式を立派に行う必要はない、棺桶（かんおけ）を買うとお金がかかるので、物置にある菜漬の樽で間に合わせると答える。樽を人足（にんそく）*に担がせると日当を払わなければならないので、自分が片棒を担ぐがもう１人の担ぎ手がいないというと、吝兵衛が「なあに心配するな、片棒はおれが担ぐ」。

**言葉の意味**

＊　人足……力仕事をする労働者。

## 1 まくら

特定の人に遺産を譲る方法として、**遺言**という制度があります。他方で、一定の相続人に最低限保証される、遺言によっても侵害されない持分的利益（**遺留分**（いりゅうぶん））があります。

『片棒』の吝兵衛が三男に財産をすべて譲るためには、遺言書を作成することが考えられます。もっとも、作成した場合は、長男と次男は遺留分を侵害されることになります。吝兵衛の（推定）相続人は子３人のみであることを前提として、遺言と遺留分について解説します。なお、明治31年に施行された民法には、家督相続（戸主の地位の相続）と遺産相続がありましたが、昭和23年に施行された改正民法において家督相続は廃止されました。

## 2 遺言

### （1）遺言とは？

**遺言**とは、自分の死後に一定の効果を発生させる個人の意思表示です。遺言者が死亡してはじめて効力が生じます（985条１項）。

### （2）遺言の基準年齢

**15歳以上**であれば遺言をすることができます（961条、第17話→128頁参照）。もっとも、15歳以上の者の遺言であれば、必ず効力が認められるわけではありません。高齢者などについて意思能力がなく、遺言が無効と判断されることがあります。

### （3）遺言の撤回

遺言には契約のような拘束力（第１話→17頁参照）はないので、遺言者は**遺言をいつでも撤回することができます**（1022条）。撤回する場合、遺言書にその旨を明記する必要はなく、前の遺言書と抵触する内容の遺言書を作成すれば、撤回したことになります（1023条１項）。また、撤回は同一の方式である必要はなく、公正証書遺言を自筆証書遺言で撤回することも可能です。

『片棒』の吝兵衛が、仮に次男と三男に１／２ずつ譲るという内容に変更したいのであれば、その旨を記載した遺言書を作成すればよく、前の遺言を撤回するとあえて記載する必要はありません。

### （4）遺言の方式

遺言としてよく利用されているのは、自筆証書遺言と公正証書遺言です。両者の特徴をまとめると下記のとおりです。

**◎自筆証書遺言と公正証書遺言の特徴**

| | 自筆証書遺言 | 公正証書遺言 |
|---|---|---|
| 証　人 | 不　要 | ２人以上必要 |
| 印　鑑 | 認印可 | 実印 |
| 保　管 | 遺言者等<br>（保管制度が新設） | 原本は公証役場<br>正本・謄本は遺言者等 |

| 検　認 | 必　要<br>（保管制度利用の場合は不要） | 不　要 |
| --- | --- | --- |
| 件　数 | 平成30年度の検認の申立件数は１万7487件（司法統計） | 平成30年の作成件数は11万0471件（日本公証人連合会ＨＰ） |

## ③ 自筆証書遺言

### （1）自筆証書遺言とは？

**自筆証書遺言**とは、遺言者が遺言書の全文、日付及び氏名を自分で書き、押印して作成する方式です（968条１項）。

**長所**として、遺言書作成の費用があまりかかりません。『片棒』の吝兵衛が重視するであろう点です。一方、**短所**として、作成ルールが守られておらず遺言が無効とされるおそれがあります。また、遺言書が隠匿などされるおそれがあります。さらには、遺言者の死亡後に家庭裁判所による検認（次頁参照）が必要であり、遺言能力を巡って争いにもなりやすいです。

> **968条（自筆証書遺言）**
> １項　自筆証書によって遺言をするには、遺言者が、その全文、日付及び氏名を自書し、これに印を押さなければならない。
> ３項　自筆証書（略）中の加除その他の変更は、遺言者が、その場所を指示し、これを変更した旨を付記して特にこれに署名し、かつ、その変更の場所に印を押さなければ、その効力を生じない。

### （2）自筆証書遺言の方式要件

遺言の効力が生じるときには遺言者が生存しておらず、遺言者の真意を確認できないため、遺言の作成ルールは厳格になっています。

まず、遺言者は、本人が作成したことがわかるように、**全文を自分で書かなければなりません**。ワープロ打ちは自書にあたりません。もっとも、民法が改正され、財産目録は自書でなくてもよいことになりました（968条２項）。

次に、**作成年月日を記載しなければなりません**。日付が必要とされる理由は、遺言能力の存否や複数ある場合における遺言書作成の先後を判断するためです。

さらに、**押印が必要**です。実印である必要はなく指印でも可です。押印が必要とされるのは、日本には重要な文書については作成者が署名後に押印することによって文書の作成を完結させるという慣行などがあるからです（コラム38→150頁参照）。

遺言書の変更を行うときは、968条３項のルールに基づきます。単なる誤記の訂正については、このルールは適用されません。

### （3）自筆証書遺言の検認

家庭裁判所に請求し、遺言書の原状を保全する手続を**検認**といいます。遺言書の形状、加除訂正の状態など検認の日現在における遺言書の内容を明確にして、その後の遺言書の偽造・変造を防止するための手続です。**検認を受けたからといって、遺言が有効であると裁判所が認めたことにはなりません**。

遺言書の保管者は、相続開始を知った後、**遅滞なく**、検認の請求をしなければなりません（1004条１項）。また、封印のある遺言書は、**家庭裁判所で開封**しなければなりません（1004条３項）。検認を経ないで遺言を執行したり、裁判所外で開封したりした場合は、５万円以下の過料になります（1005条）。もっとも、家庭裁判所外で開封したからといって遺言が無効になるわけではありません。

検認の請求がされると、家庭裁判所は、検認期日を定め、相続人に呼出状を送ります。検認期日では、出席した相続人などの立会いのもと、裁判官が（封印のある遺言書の場合は）開封したうえで遺言書を検認します。検認後、検認済みの証印を付した遺言書は、申立人（保管者）に返還されます。検認期日に欠席しても、後日、家庭裁判所で検認調書と遺言書写しを謄写することができます。

令和２年７月から、法務局（遺言書保管所）に自筆の遺言書の保管を任せることができるようになりました。保管申請費用は１件につき3900円です。保管所で保管されている遺言書は検認が不要です。

## ４ 公正証書遺言

### （1）公正証書遺言とは？

**公正証書遺言**は、遺言者から遺言の趣旨を伝えられた公証人が筆記して公正証書によって作成する方式です。公証人というのは、実務経験を有する法律実務家の中から法務大臣が任命する公務員で、公証役場で執務しています。

公正証書遺言の**長所**として、公証人が関与するので、作成ルールが守られておらず、遺言が無効となるおそれが小さいです。また、遺言書は公証役場に保管されるので、偽造などのおそれが小さいです。さらに、検認手続が不要です（1004条２項）。一方、**短所**として、公証人手数料の支払と２人以上の証人が必要になります。また、公正証書遺言であっても、遺言者に遺言能力がなかったことにより、遺言が無効になることがあります。

『片棒』の吝兵衛が公正証書遺言を作成する場合、自分が証人にもなるといいそうですが、遺言者本人は証人になれません。また、推定相続人も利害関係者であり証人にはなれませんので（974条）、吝兵衛の子も証人にはなれません。

### （２）公正証書遺言の作成方式

公正証書遺言の作成方式は、969条に定められています。もっとも、実際には、遺言者（またはその代理人）から遺言の内容を事前に聴取した公証人があらかじめ証書を作成し、これを遺言者に読み聞かせ、遺言者がこれを承認する形で「口授（こうじゅ）」を行ったこととし、署名及び捺印をして完成させることも多いです。

公正証書遺言の作成場所は、原則として公証役場になりますが、遺言者が病気や高齢などのために公証役場に赴くことができない場合には、病院や自宅などで作成することもできます。

## ５ 遺贈

### （１）遺贈とは？

遺言者が遺言によって財産を与える行為を**遺贈（いぞう）**といいます。遺贈は、相続人以外の第三者に対して行うこともできます。

遺贈には、特定遺贈と包括遺贈があります。**特定遺贈**とは、特定の財産を与える遺贈であり、権利のみが与えられます。他方、**包括遺贈**とは、遺産の全部または一定割合を与える遺贈であり、権利のみではなく、義務（負債）も承継されます。

### （２）特定財産承継遺言など

相続人に対して遺贈することもできますが、**特定の相続人に遺産の全部を相**

**続させる**という内容の遺言は、包括遺贈ではなく、(相続分の指定を含む) **遺産分割方法の指定**です。

また、**特定の相続人に特定の遺産を相続させる**という内容の遺言 (**特定財産承継遺言**) は、特定遺贈ではなく、(相続分の指定を含む) **遺産分割方法の指定**であり、遺産分割手続を要することなく被相続人の死亡時に直ちに相続により承継されます。

遺言により指定された財産の取得を望まない場合、特定遺贈であれば、遺贈を放棄 (986条1項) したうえで他の遺産を相続することができます。しかし、特定財産承継遺言のときは、相続なので指定された財産のみを放棄することはできず、相続放棄 (第20話→153頁参照) をしない限りは指定された財産を取得することになります。

### (3) 受遺者及び承継者の死亡

**遺言者が死亡する以前に遺贈を受ける者 (受遺者) が死亡したときは、遺贈は無効**になります (994条1項)。また、**特定財産承継遺言**の場合も、遺言者が死亡する以前に承継者が死亡したときは、原則として**無効**となります。代襲して受遺者などの子が遺贈などを受けることができるわけではありません。なお、被相続人が死亡する以前に相続人となるべき者が死亡していたときは、その者の子 (被相続人の直系卑属に限る) が代襲して相続人になります (887条)。

『片棒』の吝兵衛が三男に対して遺贈するまたは相続させる旨の遺言を作成した場合において、吝兵衛の死亡以前に三男が死亡したときは、遺贈などは無効になります。三男の代わりに三男の子が遺贈などを受けることができるわけではありません。なお、三男の子 (吝兵衛の孫) は代襲して相続人にはなります。三男が死亡した場合には三男の子に取得させる考えがあるのであれば、その旨を遺言書に明記などすることが必要です。

## 6 遺留分侵害請求権

### (1) 遺留分とは?

被相続人の財産の中で、一定の相続人に留保されている持分的利益を**遺留分**といいます。被相続人が贈与及び遺贈などによって自分の財産を自由に処分することに対して制限を加えるものです。

遺留分権利者となるのは、**相続人（兄弟姉妹を除く）**です（1042条）。遺留分の割合は、**直系尊属のみが相続人である場合は１／３×法定相続分**、**それ以外の場合は１／２×法定相続分**です。

『片棒』の場合、長男の松太郎、次男の竹次郎、三男の梅三郎の遺留分はそれぞれ１／６（＝１／２×１／３）です。

**（2）遺留分侵害の効果**

遺留分が侵害された場合、遺留分権利者は、受遺者または贈与を受けた者に対して**金銭債権**を取得し、**侵害額に相当する金銭の支払を請求することができます**（1046条１項）。請求するかどうかは遺留分権利者の自由です。

『片棒』の客兵衛が三男に財産をすべて譲るという遺言をした場合、長男と次男はそれぞれ、三男に対して、遺留分を算定するための財産の価額の１／６に相当する金銭の支払を請求することができます。

相続の開始及び遺留分の侵害を知った時から１年間行使しないと、遺留分侵害額の請求権は時効によって消滅します。また、相続開始時から10年を経過したときも消滅します（1048条）。

## 7 おわりに

いかにも客兵衛であれば、経費節約のため、自分の死体が入った樽を担ぐのではないかと思えるのが『片棒』の面白さです。客兵衛の相続が発生し、子が遺産分割で争うようなことがあれば、客兵衛が黄泉の国から現れて差配するのかもしれません。

遺言書を作成する場合、後の紛争を避けるため、遺留分を考慮した内容にしたり、遺言事項（法定された遺言でなしうる行為）ではないが付言事項として遺言書の内容とする理由を記載することも多いです。

## コラム37 『犬神家の一族』と検認

『犬神家の一族』（横溝正史、角川文庫、平成８年改版）という、探偵の金田一耕助が活躍する推理小説があります。映画化もされており、ご存知の方も多いかと思います。

この小説の序盤に、弁護士が、被相続人の意思により佐清が戦地から復員したら自筆の遺言書を開封・発表すると発言する場面があります。その後、佐清が復員し、関係者が一堂に会する座敷で、弁護士が遺言書の入った封筒を切り、遺言書を読み始めます。

この小説などの印象が強く誤解されているかもしれませんが、146頁の3（3）で解説したとおり、遅滞なく家庭裁判所に検認の請求をし、開封は家庭裁判所で行われなければなりません。相続人が封印された自筆証書遺言の内容を知るのは、自宅の広間ではなく、家庭裁判所の検認手続においてとなります。

## コラム38 Why Japanese people、ハンコ押す？

日常生活のなかでハンコ（印鑑）を押す機会は多いですが、ハンコにはどのような歴史があり、押印にはどのような効果があるのか考えてみましょう。146頁の3（2）で解説したとおり、自筆証書遺言は押印がなければ無効になりますが、100円ショップで販売されている大量生産された三文判を押すことでもよいわけであり、押印することに特別な意味があるのでしょうか。

落語の噺にもハンコは登場します。仙台で一番大きい旅籠屋（はたごや）の旦那がハンコを預けたままにしたら、知らないうちに譲渡契約書を作成されてしまい、番頭に店を乗っ取られる『ねずみ』などがあります。

日本で発見された最古の、文字が刻まれたハンコは、日本史の教科書にも登場する「漢委奴国王印（かんのわのなのこくおういん）」の金印です。江戸時代に百姓の甚兵衛が大きな石の下に光る金印を発見し、褒美として50両が与えられたともいわれています。落語の題材にもなりそうな話です。

ハンコは江戸時代に庶民にまで広まりました。そして、明治時代の初期に太政官布告により、印影を届け出て印鑑帳を作成することや、証書には必ず実印を用いなければならず、実印のない証書は証拠とならないことなどが定められ、日本のハンコ社会が確立しました。

ハンコを押す効果として、印影が本人のハンコによるときは、自分のハンコをみだりに他人に預けることはないという経験則から、本人の意思に基づく押印と推定され（判例）、さらに、本人の意思に基づく押印があるときは、私文書は真正に成立したものと推定されます（民事訴訟法、**二段の推定**）。

『ねずみ』の場合、旦那のハンコを使用して譲渡契約書が作成されているため、譲渡契約書は真正に成立したものと推定されます。旦那が、推定を覆すには、ハンコを預けていたら番頭に無断で使用されたことを立証し、押印が旦那の意思に基づくことを反証（真偽不明の状態に持ち込むこと）しなければなりません。

近年、日本のハンコ社会も変容しつつあります。行政や企業が書類の電子化を進めており、また、新型コロナウイルス感染防止策として在宅勤務が進むなか、承認・決裁のためハンコを押すためだけに出社するという事態が生じており、ハンコの存在意義が問われています。



### まとめ

- **自筆証書遺言は、原則として、全文を自分で書かなければならない。**
- **公正証書遺言は、遺言者から遺言の趣旨を伝えられた公証人が筆記して公正証書によって作成する方式である。**
- **遺留分が侵害された場合、遺留分権利者は、受遺者などに対し、侵害額に相当する金銭の支払を請求することができる。**

### 参考文献


- 潮見佳男『詳解 相続法』（弘文堂、平成30年）
- 二宮周平『家族法〔第５版〕』（新世社、平成31年）
- 佐藤信ほか『詳説 日本史研究〔改訂版〕』（山川出版社、平成20年）27頁
- 門田誠一『はんこと日本人』（吉川弘文館、平成30年）114頁

# 第20話 夫の造りしもの

## 『不動坊火焔』

（柳家小三治『柳家小三治の落語１』（小学館、平成19年）242～280頁 参照）

大家が吉公に嫁をもらう気はないかと尋ねる。吉公は乗り気でなかったが、相手が同じ長屋に住み、以前から惚れていたお滝であると聞き、喜んで嫁にほしいと答える。お滝には講釈師の不動坊火焔という亭主がいたが、１ヵ月ほど前に巡業先で急死していた。不動坊が100円という多額の借金を残して死んでおり、家財道具をすべて売っても50円ぐらいにしかならないので、差額を肩代わりすることが婚姻の条件であったが、吉公は100円全額を負担すると申し出る。思い立ったが吉日ということで、その日のうちに嫁入りすることになる。

面白くないのが同じ長屋に住む独身の男たちである。不動坊の幽霊に「四十九日も過ぎぬのに、嫁入りするとは恨めしい」といわせて吉公らを怖がらせ、婚姻を破談させようとする。

近所に住む噺家に幽霊役を頼むなど準備を進めるが、火の玉の演出のためアルコールを用意するはずが、アン（餡）コロを購入してしまう。幽霊役の噺家は、屋根の引き窓からぶら下がって吉公とお滝を怖がらせようとするが、吉公から、借金でお滝に迷惑をかけたんだぞ、借金なんかつくらずにちゃんと暮らしておけと説教されてしまう。噺家は吉公から５円もらう代わりに成仏することを受け入れてしまう。

### 1 まくら

相続人になった場合、①単純承認、②限定承認、③相続放棄という３つの選択肢があります。相続放棄は、被相続人の遺産として、積極財産よりも消極財産（相続債務）のほうが多い債務超過の場合などに選択されます。なお、相続財産は、積極財産のみの意味で用いられる場合と、消極財産をも含む意味で用いられる場合があります。

『不動坊火焔』のお滝の場合、夫の不動坊が100円という多額の借金を残したのであれば、相続放棄するという選択も考えられます。

なお、不動坊の借金は、日常家事債務（761条、第４話→39頁参照）には該当せず、お滝は連帯責任を負わないことを前提とします。借入れの場合は、日常家事債務に該当するかどうかの判断にあたり借入金額が最も重要になります。借入れの動機をどこまで考慮するかについては見解が分かれています。借入れについては、日常家事債務に該当すると判断されることは多くないとされています。

## 2 単純承認、限定承認、相続放棄

### （1）相続人の３つの選択肢

**単純承認**とは、不確定的にしか帰属していなかった相続の効果を確定的に帰属させる意思表示です。次頁の（３）に記載したとおり、何もせずに熟慮期間が経過すると、単純承認とみなされます。積極的に選択したのではなく、よくわからないうちに承認したものとみなされている方がいるのが現状です。

**限定承認**とは、被相続人の残した債務などを相続財産の限度で支払うことを条件にして相続を承認する意思表示です。相続人全員が共同で行わなければならず、また、財産目録を作成して家庭裁判所に提出しなければならないので、限定承認はあまり利用されていません。

**相続放棄**とは、不確定的に帰属していた相続の効果を消滅させる意思表示です。平成30年度の受理件数は、限定承認が709件であるのに対し、相続放棄は215,320件となっています（司法統計）。なお、日本における日本人の年間死者数は約136万人（平成30年）です。

### （2）熟慮期間

３つの選択肢のいずれにするかを、**自分が相続人であることを知った時から３ヵ月以内**（**熟慮期間**内）に決めなければなりません（915条１項本文）。熟慮期間は、相続人ごとに進行し、請求によって伸長することもできます（915条１項但書）。なお、平成23年の東日本大震災のときは、被災者の熟慮期間が平成23年11月30日まで一律に延長されました。

熟慮期間の起算点は、「自己のために」相続の開始があったことを知った時なので、被相続人の死亡だけでなく、自分が相続人であることも知った時です。

『不動坊火焔』の場合、お滝は不動坊が死亡すれば配偶者として相続人になるのは明らかなので、熟慮期間の起算点は、不動坊が巡業先で死んだことを知った時になります。

例外として、**相続財産（積極＋消極）がまったく存在しないと信じており、信じることについて相当な理由があるとき**は、相続財産の全部または一部の存在を**認識した時**または**通常認識すべき時**が熟慮期間の起算点になります（判例）。この例外は、あくまでも相続財産がまったく存在しないと信じていたことが前提となっており、相続財産があることは認識していたが、3ヵ月経過後に多額の相続債務が発覚した場合の起算点については見解が分かれています。

**915条（相続の承認又は放棄をすべき期間）**

1項　相続人は、自己のために相続の開始があったことを知った時から3箇月以内に、相続について、単純若しくは限定の承認又は放棄をしなければならない。ただし、この期間は、利害関係人又は検察官の請求によって、家庭裁判所において伸長することができる。

### （3）法定単純承認

**相続人が熟慮期間内に相続放棄または限定承認をしなかったとき**は、**単純承認したものとみなされます**（921条2号）。

また、**相続財産の処分をしたとき**も、**単純承認とみなされます**（921条1号）。もっとも、経済的な価値のないものの形見分けや、社会的に相当な葬儀の費用に充てるための被相続人名義の預金の解約は、相続財産の処分にはあたらず、単純承認にはならないとされています。

**相続財産の保存行為**は**単純承認とみなされません**（921条1号）。被相続人の負債を遺産の現預金で弁済することが保存行為に該当するかどうかについては、見解が分かれています。

『不動坊火焔』のお滝が不動坊の遺産である家財道具を処分した場合、単純承認とみなされますので、相続放棄することができなくなります。また、お滝が不動坊の借入金を遺産で弁済した場合も、単純承認とみなされるおそれがあります。

> **921条（法定単純承認）**
> 次に掲げる場合には、相続人は、単純承認をしたものとみなす。
> 1号　相続人が相続財産の全部又は一部を処分したとき。ただし、保存行為及び（略）をすることは、この限りでない。
> 2号　相続人が915条1項の期間内に限定承認又は相続の放棄をしなかったとき。

### （4）相続放棄の手続及び効果

相続放棄するには、家庭裁判所への申述が必要です（938条）。遺産を受け取らないことを他の相続人へ伝えたことを「放棄」と表現される方がいますが、**家庭裁判所へ申述しない限り、相続放棄には該当しません**。相続放棄をしないと、被相続人の債務を負担しなければならないことがあります（コラム40→157頁参照）。

相続放棄の効果として、**初めから相続人にならなかったものとみなされます**（939条）。放棄者の子が代襲して相続人になることはありません。また、相続放棄をしても、位牌や仏壇などの祭祀財産を承継することはできます。

相続放棄をする場合、**後順位の血族相続人**（第18話のコラム35→140頁参照）**への影響に注意が必要です**。被相続人の子が相続放棄をして第1順位の血族相続人がいなくなると、第2順位の血族相続人（被相続人の父母など）が相続人になります。そして、第2順位の血族相続人がいなくなると、第3順位の血族相続人（被相続人の兄弟姉妹）が相続人になりますので、後順位の血族相続人も相続放棄をするかどうかの判断が必要になります。

熟慮期間の起算点は、先順位の相続人が相続放棄するなどしたため自己が相続人であることを知った時です。ある日突然、相続債権者や（固定資産税が滞納されているなどの場合は）市区町村から連絡を受けて、相続人になったことを知ることがあります。なお、相続人になったことを知らせる通知が家庭裁判所から届くことはありません。

## ③ 配偶者が死亡した場合の姻族関係

配偶者が死亡すると、**婚姻は解消されます**が、配偶者の血族との関係（**姻族関係**）**は当然には終了しません**。生存配偶者が姻族関係終了の届出をすることによって、はじめて姻族関係が終了します（728条２項）。

姻族関係が継続すると、扶養義務が生じることがあるため、終了の届出が提出されることがあります。姻族関係を継続したまま、再婚することはできます。なお、死亡配偶者の血族から姻族関係終了の届出をすることはできません。

『不動坊火焔』の場合、お滝は不動坊の死後も、不動坊の血族（父母など）との姻族関係が継続しますが、お滝が届出をすれば終了します。不動坊の血族との姻族関係を継続させたまま、吉公と再婚することもできます。

## ④ 再婚禁止期間

**男性の場合、離婚後すぐに再婚できます**が、**女性の場合、100日間の再婚禁止期間**が定められています（733条１項）。嫡出推定（772条、第15話→113頁参照）の重複を避けるためです。

例えば、仮に女性が離婚直後に再婚できた場合、再婚から250日目に子が生まれたときは、前婚と後婚の婚姻中に懐胎したことが重複して推定され、前婚の夫と後婚の夫の両者が子の父と推定されてしまいます。

もっとも、**離婚時に懐胎していなかった場合などは、再婚禁止期間は適用されません**（733条２項）。この場合、女性は産婦人科などで検査を受けて証明書を提出しなければなりません。

『不動坊火焔』の場合、お滝は四十九日前に再婚しようとしています。再婚禁止期間中なので、再婚するには懐胎していないことの証明書が必要になります。

**733条（再婚禁止期間）**

１項　女は、前婚の解消又は取消しの日から起算して100日を経過した後でなければ、再婚をすることができない。

２項　前項の規定は、次に掲げる場合には、適用しない。

　１号　女が前婚の解消又は取消しの時に懐胎していなかった場合

2号　女が前婚の解消又は取消しの後に出産した場合

## ❺ おわりに

親が多額の借金を残して死亡し、相続債権者から請求された子が相続放棄できることを知らずに返済したため単純承認とみなされ、その後に、返済を継続できなくなった子が自己破産せざるを得なくなったという事例もあります。相続放棄や法定単純承認について、学校教育の中で教えたほうがよいのではないかと考えます。

## コラム39　相続放棄と管理義務

**相続放棄した後も、後順位相続人らが相続財産の管理を始めることができるまで、相続放棄した者は相続財産の管理義務を負います**（940条1項）。この条文を根拠として、第三者に被害が生じたとき（例．老朽化した遺産不動産が崩れて通行人に怪我を負わせたとき）に、相続放棄した者が第三者に対して損害賠償責任を負うことになるのかについては、見解が分かれています。

## コラム40　相続債務

被相続人に**相続債務（金銭債務）があった場合、相続人は法定相続分に応じて分割して負担します**（899条）。相続人間で協議して特定の相続人が相続債務をすべて負担するという合意はできますが、相続債権者にはその合意の効力は及びませんので、相続債権者は、各相続人に対して法定相続分に応じた金額の請求をすることができます。

『不動坊火焔』において、仮にお滝と不動坊の母が相続人であるとした場合には、両者が協議して母が借入金100円全額を負担するという合意をしたとしても、債権者はお滝に対して約67円（＝100円×法定相続分２／３）の支払を請求することができます。

なお、お滝は、支払った後、母に対して不当利得返還請求をすることができますが、回収できるとは限りません。

## まとめ

- 相続人には、単純承認、限定承認、相続放棄という３つの選択肢がある。
- 相続財産の処分をしたときや３ヵ月の熟慮期間内に相続放棄または限定承認をしなかったときなどは、相続人は単純承認したものとみなされる。
- 男性の場合、離婚後すぐに再婚できるが、女性の場合、原則100日間の再婚禁止期間がある。

## 参考文献


- 潮見佳男『詳解 相続法』（弘文堂、平成30年）53～95頁
- 二宮周平 編『新注釈民法⒄ 親族⑴』（有斐閣、平成29年）255頁

# 第21話 死者の最期

## 『黄金餅』

（古今亭志ん朝『志ん朝の落語５』（筑摩書房、平成16年）144〜178頁 参照）

坊主の西念は、毎日、頭陀袋を胸にかけ江戸中をもらって歩いていたが、風邪がもとで患いついてしまう。長屋の隣りに住んでいた金兵衛が見舞いに行くと、西念はあんころ餅をたくさん食べたいという。あんころ餅を差し入れた後、自宅に戻り、金兵衛が壁の穴から様子をうかがってみると、西念は、胴巻きに入れていた大量の一分銀と二分金をあんころ餅の餅で包み、飲み込み始めた。金に気が残って死にきれないがゆえの奇行であった。西念は苦しんで亡くなってしまう。西念には身寄り頼りがなかった。

金兵衛は西念の体内に残された金を独り占めしようと画策する。大家を説得し、亡くなったその日のうちに金兵衛の菩提寺で弔いをして、寺から焼場の利用証をもらう。そして、金兵衛は遺体の入った樽を独りで背負って焼場まで運び、胃袋のあたりを生焼けにしてほしいと頼む。焼いた後、金兵衛は金だけをかき集め、骨を放置し、焼き賃も支払わずに立ち去ってしまう。

金兵衛は手に入れた金で目黒で餅屋を始め、繁盛した。

### 1 まくら

人が死亡して、相続人のあることが明らかでないときに、民法がどのような手続を定めているのかを『黄金餅』を例にして解説します。

また、現代の日本において高齢者の孤独死が社会問題になっていますが、建物賃借人が死亡した場合、部屋に残された遺品をどのように処分できるのかについても解説します。『黄金餅』の西念の部屋に残された遺品はどのように扱えばよいのでしょうか。

さらに、残骨灰についても解説します。『黄金餅』の焼場に放置された西念の骨の中に金がまだ残されていた場合、どのように扱われるのでしょうか。

## ② 相続人のあることが明らかでない場合

### （1）手続の流れ

被相続人が死亡して、相続人のあることが明らかでない場合（例．戸籍上相続人がいない場合、戸籍上の相続人全員が相続放棄（第20話→153頁参照）をした場合）には、家庭裁判所による**相続財産管理人**の選任が必要になります（952条）。相続財産管理人は、相続人を捜索したり、相続財産を保全したり、相続債権者などに弁済をしたりします（953条～958条）。

『黄金餅』の場合、西念には身寄り頼りがなく、相続人のあることが明らかでないので、相続財産管理人の選任が必要になります。

相続財産管理人が民法に定める手続を行った後、相続人の不存在が確定し、相続財産が残った場合には、**特別縁故者に分与する制度**（下記の（２））があります。

そして、最終的に残った相続財産は**国庫に帰属**します（959条）。相続放棄などすると直ちに国庫に帰属するわけではなく、上記の手続を経たうえで国庫に帰属します（コラム41→162頁参照）。

### （2）特別縁故者に対する相続財産の分与

相続人の不存在が確定し、相続財産が残った場合には、特別縁故者が相続人捜索期間の満了後３ヵ月以内に請求することにより、相続財産の全部または一部が分与されます（958条の３）。**特別縁故者**とは、被相続人と生計を同じくしていた者、療養看護に努めた者、資金援助してきた者などです。親族関係にあるというだけでは、特別縁故者に該当しません。自然人だけでなく、法人も特別縁故者になりえます。

分与するかどうか、分与する場合に残った相続財産の全部なのか一部なのかは、**家庭裁判所の裁量**により決められます。

『黄金餅』の場合、金兵衛は西念の隣りに住み、死の直前にあんころ餅を大量に差し入れましたが、この程度では、特別縁故者には該当しません。

なお、相続財産の分与を受けた特別縁故者は、遺贈により取得したものとみなされ、相続税が課されます。所得税（一時所得）が課されるのではありません。

> **958条の３（特別縁故者に対する相続財産の分与）**
> １項　前条の場合において、相当と認めるときは、家庭裁判所は、被相続人と生計を同じくしていた者、被相続人の療養看護に努めた者その他被相続人と特別の縁故があった者の請求によって、これらの者に、清算後残存すべき相続財産の全部又は一部を与えることができる。

## ３ 建物賃借人の死亡

### （１）建物賃借権の相続

**建物賃借人が死亡した場合、賃借権の相続が認められ、賃貸借契約は当然には終了しません。賃借人に相続人がいない場合**は、原則として**賃貸借契約は終了します**（第11話→87頁参照）。

### （２）遺品の処分

死亡した建物賃借人の部屋に残された遺品は**遺産共有**になるので、処分するには、**共有物の変更**として**相続人全員の同意**が必要です（第18話のコラム36→140頁参照）。相続人のあることが明らかでない場合には、相続財産管理人が遺品を処分します。

『黄金餅』の場合、大家は、西念の遺品を無断で処分することはできず、相続財産管理人の同意が必要になります。

建物賃貸人には、遺品を処分できず、新たに建物を貸すことができないことによる損失が生じるおそれがあります。賃貸人は賃借人の相続人などに賃料（賃貸借契約解除・終了後は賃料相当損害金）を請求することができますが、回収可能性の問題があります。

## ４ 残骨灰

『黄金餅』の焼場に放置された西念の骨の中に金がまだ残されていた場合、どのように扱われるのでしょうか。

遺体が火葬され、遺族が収骨した後に残された骨や灰などを**残骨灰**といいます。残骨灰には、歯の治療で使われた合金などの有価物が含まれていることがあります。

昭和14年の大審院の判例（刑事事件）は、①火葬に際し遺骨とともに残存する有価物は、骨揚げが終わらない間は**相続人の所有**に属する、②市町村が営む火葬場においては骨揚げ後の骨灰中に残留する有価物は、相続人が所有権を留保する意思表示をしない限り、骨揚げが終わると同時に**市町村の所有**になるとします。

現在、**残骨灰の取扱いには、法律や国の監督官庁がなく、処理の統一基準がありません**。市町村の中には、残骨灰を売却して斎場事業の財源に充てるところもあります。

## 5 おわりに

『黄金餅』は、金兵衛が火葬した西念から取り出した金をもとに餅屋を始め、繁盛するという因果応報を否定するような結末です。市町村の中には残骨灰を売却しているところもありますが、死者の尊厳を損なうという批判もあります。現代版の『黄金餅』なのかもしれません。

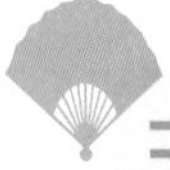

### コラム41 国庫帰属

相続財産が国庫に帰属すると聞くと、国の財政が豊かになるように思えますが、負担になることもあります。

例えば、老朽化した建物が国庫に帰属しても解体費用がかかるだけです。最近の例として、兵庫県の淡路島にある通称「世界平和大観音像」が令和2年3月30日に国庫に帰属することになりました。観音像は約100mの高さの巨大なものであり、所有者（被相続人）が死亡した平成18年以降閉鎖されていましたが、老朽化により近隣住民などに不安が生じていました。国は観音像の解体撤去工事を実施する予定です。

### コラム42 所有者不明土地

不動産登記簿謄本などにより調査しても所有者が判明しない、または判明しても連絡がつかない土地の存在が社会問題になっています。例えば、土砂崩れの危険のある土地が放置されていたり、災害後の復興の障

害になったりしています。

所有者不明土地を減らすため、法務省の法制審議会が令和元年12月に公表した「民法・不動産登記法（所有者不明土地関係）等の改正に関する中間試案」では、検討事項として次の点などが挙げられています。

①土地の所有権を放棄できるようにすべきではないか
②遺産分割に期間制限を設けるべきではないか
③不動産の所有権の登記名義人が死亡した場合、相続人らに登記申請義務を課すべきではないか

## コラム43 空き家

総務省の住宅・土地統計調査（平成30年）によると、全国の空き家のうち半数以上（52.2%）が相続・贈与により取得したものになっています。

適切な管理が行われていない空き家が防災、衛生、景観などの地域住民の生活環境に深刻な影響を及ぼしているため、「**空家等対策の推進に関する特別措置法**」が平成27年に施行されました。

所有権（物権）は排他的な支配権なので（第５話→44頁参照）、本来は所有者の同意なく建物を壊すことはできません。しかしながら、市町村長は、同法により、放置すれば著しく保安上危険となるおそれのある状態又は著しく衛生上有害となるおそれのある状態、著しく景観を損なっている状態その他周辺の生活環境の保全を図るために放置することが不適切である状態にあると認められる空家等については、一定の手続を経たうえで**代執行**により**解体することができます**。同法施行後、令和元年10月１日までの４年半の間に累計196件の代執行が行われました。

分譲マンションの場合、解体するには原則として所有者全員の同意が必要になるので、１人でも反対すると解体できません。解体できないまま老朽化し、行政代執行により解体された事例もあります。

国土交通省によると、築40年超の分譲マンションが平成30年末時点で81.4万戸であるのが、令和10年末には197.8万戸、令和20年末には366.8

万戸になることが見込まれています。今後、老朽化した分譲マンションの放置及び税金による解体が社会問題になるおそれがあります。

まとめ

- 被相続人が死亡して、相続人のあることが明らかでない場合、家庭裁判所による相続財産管理人の選任が必要になる。
- 相続人の不存在が確定し、相続財産が残った場合には、特別縁故者に分与する制度がある。最終的に残った相続財産は国庫に帰属する。
- 建物賃借人が死亡した場合、部屋に残された遺品を処分するには、相続人全員の同意などが必要である。

参考文献


- 潮見佳男『詳解 相続法』（弘文堂、平成30年）96～114頁
- 財務省近畿財務局「淡路市所在の通称「世界平和大観音像」の国庫帰属と解体撤去について」（令和２年４月１日）
- 国土交通省「空家法施行から４年半、全国で空き家対策の取組が進む」（令和２年４月８日）

# 索　引

## あ行

明渡猶予……66
遺言……31, 136, 144
遺産共有……136, 161
遺産分割……136, 163
遺失物……51
慰謝料……66, 73, 105, 119
遺贈……147
逸失利益……27, 105
委任契約……58
遺留分……148
因果関係……24, 67, 108
請負契約……58
親子関係不存在確認の訴え……114

## か行

解除……17, 85, 93, 99
瑕疵……17, 31, 33, 91, 108
過失責任の原則……104
過失相殺……106
換価分割……138
監護者……126
間接強制……75
監督義務者責任……128
求償権……80, 82, 107, 109
強制執行……56, 86
強制認知を求める訴え……114
共同不法行為……67, 120
共有物分割……141
共有分割……138, 140
競売……57, 65, 79, 141
契約不適合……20, 90
血族相続人……140, 155
検索の抗弁……82, 83
原状回復義務……20, 24, 94
現存利益……24, 25
限定承認……153
検認……146, 149
現物分割……137
工作物責任……107
公正証書遺言……144, 146
婚約……73

## さ行

債権……36, 44, 74
催告……38, 87, 91, 93
催告の抗弁……82, 83
再婚禁止期間……156
財産的損害……73, 105
財産分与……121, 127
債務不履行……20, 73, 85, 90
詐欺……23, 31
錯誤……18, 31
サブリース……88
時効の完成猶予……37
時効の更新……37
使者……33
下請負……59
質権……56
失火責任法……100, 104
自筆証書遺言……144, 145
事務管理……52, 98
借地借家法……64, 87, 88
重要事項の不実告知……25
熟慮期間……153
取得時効……36
受忍限度……54, 66
消極的損害……105
使用者責任……106
使用貸借契約……87, 141
承認……38
消費者契約法……24
消費者団体訴訟制度……27
消費貸借契約……138
消滅時効……36, 106
所有権……44, 51
自力救済……74, 86
新型コロナウイルス……68, 76, 87, 95, 96, 110, 116, 126, 151

親権者……125, 128, 131, 136
人的担保……79
信頼関係破壊の法理……86
心裡留保……73
生活騒音……66
責任能力……128
積極的損害……105
善意……46
善管注意義務……85
相続財産管理人……160
相続債務……152, 157
相続人の不存在……160
相続放棄……153, 157, 160
相当因果関係……92, 105
贈与契約……99
即時取得……45
損害賠償請求……92, 101, 109, 119

## た行

対抗要件……76
代償分割……137
代替執行……75
代理……30
立退料……66, 88
単純承認……153
担保物権……56
遅延損害金……82, 139
嫡出子……113
嫡出推定……113, 115
嫡出否認の訴え……113
直接強制……74, 86
賃貸借契約……63, 85, 138, 161
賃料支払義務……85
停止条件……99
抵当権……65
動機の錯誤……18, 23
特定遺贈……147
特定財産承継遺言……148
特別縁故者……160
特別代理人……136

## な行

日常家事債務……39, 153

## は行

配偶者相続人……140
表見代理……33
表示の錯誤……18
物権……44, 63, 76, 163
物権法定主義……45
物的担保……79
不貞行為……119
不動産賃借権……63, 87
不法行為……100, 104
分割債務……80
弁護士費用……105, 109
包括遺贈……147
法定更新……88
法定利息……20, 94
法定利率……139
保証債務……81

## ま行

埋蔵物……53
未成年……53, 125, 128, 136
無権代理……31
面会交流……75, 126

## や行

有責配偶者からの離婚請求……121
養育費……126, 130
用法遵守義務……85

## ら行

利息制限法……140
流質契約……57
連帯債務……80, 120
連帯責任……39, 67
連帯保証債務……83

森　章太（もり　しょうた）

弁護士。1981年生まれ。横浜市立大学商学部経済学科卒業。税理士法人勤務、税理士試験合格。慶應義塾大学大学院法務研究科卒業。司法試験合格後、弁護士登録。東京中央総合法律事務所所属。横浜市立大学での市民向け講座の講師並びに税理士団体及び企業での研修講師を務めている。これまでの講座内容として、「落語で学ぶ民法・刑法」、「映画『男はつらいよ』で学ぶ法律講座」、「平成史で学ぶ法律講座」、「平成の小説で学ぶ法律講座」、「『カラマーゾフの兄弟』で学ぶ法律講座」などがある。

落語（らくご）でわかる「民法（みんぽう）」入門（にゅうもん）

2021年１月１日　初版発行

著　者　森　章太 
発行者　杉本淳一

発行所　株式会社日本実業出版社　東京都新宿区市谷本村町３－29 〒162-0845
大阪市北区西天満６－８－１ 〒530-0047

編集部　☎03-3268-5651
営業部　☎03-3268-5161　振　替　00170-1-25349
https://www.njg.co.jp/

印刷／厚徳社　製本／共栄社



ISBN 978-4-534-05825-6　Printed in JAPAN